中華古籍保護計劃

ZHONG HUA GU JI BAO HU JI HUA CHENG GUO

·成果·

（宋）周邦彦　撰　（宋）陳元龍　集注

宋本詳注周美成詞片玉集

國家圖書館出版社

圖書在版編目(CIP)數據

宋本詳注周美成詞片玉集/(宋)周邦彦撰;(宋)陳元龍集注.—北京:國家圖書館出版社,2022.6

(國學基本典籍叢刊)

ISBN 978-7-5013-7527-1

Ⅰ.①宋… Ⅱ.①周… ②陳… Ⅲ.①宋詞—注釋 Ⅳ.①I222.844

中國版本圖書館 CIP 數據核字(2022)第 033412 號

書　　名	宋本詳注周美成詞片玉集
著　　者	(宋)周邦彦 撰　(宋)陳元龍 集注
責任編輯	苗文葉　南江濤
助理編輯	王　哲
封面設計	徐新狀
出版發行	國家圖書館出版社(北京市西城區文津街7號　100034) (原書目文獻出版社　北京圖書館出版社) 010-66114536　63802249　nlcpress@nlc.cn(郵購)
網　　址	http://www.nlcpress.com
印　　裝	北京市通州興龍印刷廠
版次印次	2022年6月第1版　2022年6月第1次印刷
開　　本	880×1230　1/32
印　　張	8
書　　號	ISBN 978-7-5013-7527-1
定　　價	30.00圓

《國學基本典籍叢刊》編委會

《國學基本典籍叢刊》前言

國家圖書館出版社(原書目文獻出版社 北京圖書館出版社)成立三十多年來,出版了大量的中國傳統文化典籍。由於這些典籍的出版往往采用叢書的方式或綫裝形式,供公共圖書館和大學圖書館典藏使用,普通讀者因價格較高、部頭較大,不易購買使用。爲弘揚優秀傳統文化,滿足廣大普通讀者的需求,現將經、史、子、集各部的常用典籍,選擇善本,分輯陸續出版單行本。每書之前均加簡要説明,必要者加編目録和索引,總名《國學基本典籍叢刊》。歡迎讀者提出寶貴意見和建議,以使這項工作逐步完善。

編委會

二〇一六年四月

序　言

周邦彦（一〇五六—一一二一），字美成，自號清真居士，錢塘（今浙江杭州）人。《宋史·周邦彦傳》謂其『疏儁少檢，不爲州里推重，而博涉百家之書』。宋元豐七年（一〇八四）獻《汴都賦》頌美新法，自諸生擢爲太學正。元祐間出爲廬州教授、溧水縣令，還朝爲國子監主簿。哲宗、徽宗時期，党附蔡京，除秘書省正字，遷轉諸官。政和間，出知隆德府、明州等地，召還提舉大晟府。宣和二年（一一二〇），罷官奉祠，次年卒。有《清真先生文集》二十四卷，久佚。傳詞二百余闋，後人編爲《清真詞》《片玉集》等。

周邦彦『妙解音律，名其堂曰「顧曲」，樂府盛行於世』（《［咸淳］臨安志》）。『顧曲』用三國名將周瑜精通樂事之典，殆非自矜。周邦彦能自度曲，有創調之才。據田玉琪《北宋詞譜》統計，北宋詞牌始見於周詞者共有八十五調，其數之多，僅次於柳永。王國維認爲『詞中所注宫調，不出教坊十八調之外，則其音非大晟樂府之新聲，而爲隋唐以來之燕樂』（《清真先生遺事》）。配合詞樂，清真填詞下字嚴守音律，深得詞家青眼。清代常州詞派對周邦彦推重有加，周濟以爲『清真，集大成者也』(《介存齋論詞雜著》),陳廷焯稱其『自有詞人以來,不得不推爲巨擘。後之爲詞者,亦難出其範圍』(《白雨齋詞話》卷一)。晚清民國之際,詞人重律,有嚴辨四聲之號召。近人楊易霖編纂《周詞訂律》,成爲首部四聲譜。之所以選周邦彦詞爲範者,邵瑞彭《周詞訂律序》道:『嘗謂詞家有美成,猶詩家有少陵,詩律莫細乎杜,詞律莫細乎周。』此就詞律而言。

至於評論周詞章法、風格時,亦有以杜詩譬之者。清人先著等稱『美成如杜,白石兼王、孟、韋、柳之長』(《詞潔輯評》卷五)。王國維《清真先生遺事》更説:『以宋詞比唐詩,則東坡似太白,歐、秦似摩詰,耆卿似樂天,方回、叔原則「大曆十才子」之流。南宋惟一稼軒可比昌黎,而詞中老杜,則非先生不可。』杜詩以有法度,因而可學。周詞亦有法度,故沈義父主張『凡作詞,當以清真爲主,蓋清真最爲知音,且無一點市井氣,下字運意,皆有法度,往往自唐、宋諸賢詩句中來』(《樂府指迷》)。下字運意有法度,亦即篇章、字句有規制可循,便於學者效法。至於其影響,則恰如張炎所説『作詞者多效其體制』(《詞源》卷下)。沈義父還注意到清真詞中化用前人詩句,此非其獨得之見,陳振孫亦曾説『周美成多用唐人詩句檃栝入律,渾然天成。長調尤善鋪敘,富豔精工』(《直齋書録解題》卷二一)。張炎《詞源》也稱其『採唐詩融化如自己者』。化用前人成句,使得清真詞去俗成雅,風格渾成。故而後人每有以『沉鬱頓挫』之風格稱許清真詞者,而其正是詩論家評價杜詩風格之美譽。此外,其自鑄偉詞,精於煉字,體物言情俱有工緻,結構布局每受稱賞。

在詞史上，周邦彥被認爲是前承柳永，後啓姜夔、張炎的名家。

周邦彥生前清真詞是否成集，今無考。然王灼《碧雞漫志》載云：『江南某氏者解音律，時時度曲，周美成與有瓜葛，每得一解，即爲制詞，故周集中多新聲。』既稱『周集』又言『新聲』，則清真詞之編集至遲不會晚於高宗紹興年間。或以效法者衆多，清真詞集版本亦夥，吴則虞《清真詞版本考辨》臚列其歷代刊本、鈔本三十八種。王兆鵬《北宋詞集版本考》（載《宋代文學傳播探原》）對吴則虞文中所列宋本有所考訂。已知宋刻清真詞或近十種，然宋本多已散佚。今傳元明以來清真詞諸本主要源自兩種宋刊本：一是已佚的宋淳熙七年（一一八〇）溧水刊二卷本；一是陳元龍《詳注周美成詞片玉集》。前者强焕有序，毛晋汲古閣《宋六十名家詞》所收《片玉詞》即據該二卷本校刊。該本共收詞一百八十二首，附有毛晋輯佚《補遺》一卷。其後，《四庫全書》《西泠詞萃》祖毛晋本收之。後者即陳元龍《詳注周美成詞片玉集》，收詞一百二十七首，劉肅序之，有宋嘉定四年辛未（一二一一）原槧。該本刊行後，曾經覆刻。覆刻本版式一仍原本，唯卷五稍異，卷首劉肅序又删『少章名元龍時嘉定辛未杪臘』十二字。朱孝臧以爲覆刻本經過陳元龍手校。該十卷本的宋代原刊本、覆刻本今俱藏國家圖書館，本次影印者乃宋覆刻本。

該宋覆刻本正文半葉十行，行十七至十九字，注文小字雙行，字數同。左右雙邊，雙魚尾，部分版心上魚尾下有『玉』『片玉』等書名簡稱并卷數，有建本典型風貌。目録及卷一均雙行署『廬陵陳元龍少章集注，建安蔡慶之宗甫校正』，『元龍』『慶之』四字俱作小字。書中遍鈐藏印，觸目朱丹，如『子晋』『毛氏子晋』『雪苑宋氏蘭揮藏書記』『臣筠』『後百宋一廛』『寒雲鑒賞之鉩』『三琴趣齋』『詞客有靈應識我』『密韻樓』『祖詒審定』『穀孫』『遐庵經眼』等等。可知該本曾經毛晋、宋筠、袁克文、蔣祖詒等人收藏。後歸潘氏寶禮堂，由潘氏捐贈給北京圖書館（今國家圖書館）。袁克文三琴趣齋收藏時，曾重裝該書。扉頁有陳延韡爲袁氏所繪《雙片玉龕填詞圖》一幅。卷中有朱孝臧比勘原刻與該覆刻本異同的簽條數紙。書末有袁克文、李盛鐸、朱孝臧跋文。李盛鐸跋以之與原刊本比較，謂：『此本第十卷之末葉却可補黄本之缺。』嘉定四年原刊本有殘闕，該覆刻本以完璧勝之。該本入選『國家珍貴古籍名録』，《景刊宋金元明本詞》《中華再造善本》等據以影印。其餘如吴訥《唐宋名賢百家詞》《宛委別藏》《彊村叢書》《四印齋所刻詞》《四部備要》諸叢書所收周邦彦詞的影刊本、鈔本、排印本等，多祖陳元龍注本。

周邦彦詞用典較多，陳注引前代文獻指示其來源。但陳注亦非全然妥帖，潘宗周《寶禮堂宋本書録》指出：『陳注亦殊膚淺，篇中曲調僅就字而注釋，全不述其源流。又如《側犯》一闋「見説胡姬酒爐寂静」句注引《左傳》「胡姬，乃齊景公妾也」；《訴衷情》一闋「不言不語，一段傷春，都在眉間」句注引《論語·鄉黨》「食不言，寢不語」，均欠貼切。』潘氏指摘，頗中肯綮。然陳元龍以宋人注宋詞，去作者未遠，其注在一定程度上仍有便讀者理解。且陳元龍生活在詞尚能歌唱的時代，該集每調下注明宫調，是爲數不多保留宫調名的宋詞别集，對於討論唐宋詞樂有重要的參考價值。而其編次以春景、夏景、秋景、冬景、單題、雜賦爲序，或有便於歌唱之目的。在討論唐宋詞主題、編次等問題時均值得重視。

該書雖曾有影印本，但普通讀者不易得見，利用困難。今其入選《國學基本典籍叢刊》，再次影印，灰度印刷，化身百千，真美成之幸、讀者之幸！

汪　超

二〇二二年三月

目録

圖……三
序……五
目録……一三
卷一　春景一……二七
瑞龍吟　大石……二七
瑣窗寒　越調……二九
風流子　大石……三三
渡江雲　小石……三四
應天長　商調……三八
荔枝香二首　歇指……三九
還京樂　大石……四三
掃花游　雙調……四四

卷二　春景二……五一
解連環　商調……五一
玲瓏四犯　大石……五二
丹鳳吟　越調……五五
滿江紅　仙吕……五七
瑞鬬仙　高平……五八
西平樂　小石……六一
浪淘沙　商調……六三
憶舊游　越調……六四
卷三　春景三……七一
蕙山溪　大石……七一

少年游二首 黃鍾 …… 七二
秋蘂香 雙調 …… 七三
漁家傲二首 般涉 …… 七四
南鄉子 商調 …… 七六
望江南 大石 …… 七六
浣沙溪三首 黃鍾 …… 七七
迎春樂二首 雙調 …… 七九
點絳唇 仙吕 …… 八一
一落索二首 雙調 …… 八一
垂絲釣 商調 …… 八三
卷四 夏景 …… 八五
滿庭芳 中吕 …… 八五
隔浦蓮 大石 …… 八六
法曲獻仙音 大石 …… 八七
過秦樓 大石 …… 九一
側犯 大石 …… 九二
塞翁吟 大石 …… 九六
蘇幕遮 般涉 …… 九九
浣沙溪四首 …… 九九
點絳唇 仙吕 …… 一〇四
訴衷情 商調 …… 一〇四
卷五 秋景一 …… 一〇九
風流子 大石 …… 一〇九
華胥引 黃鍾 …… 一一〇
宴清都 中吕 …… 一一四
四園竹 小石 …… 一一五
齊天樂 正宮 …… 一一六
木欄花 高平 …… 一二〇
霜葉飛 大石 …… 一二一
蕙蘭芳引 仙吕 …… 一二三
塞垣春 大石 …… 一二五
丁香結 商調 …… 一二七

卷六　秋景二……一三一
氐州第一　商調……一三一
解蹀躞　商調……一三二
少年游　商調……一三五
慶春宫　越調……一三六
醉桃源二首　大石……一三七
點絳唇　仙吕……一三八
夜游宫二首　般涉……一三九
訴衷情　商調……一四〇
傷情怨　林鍾……一四三
冬景……一四三
紅林檎近二首　雙調……一四三
滿路花　仙吕……一四七
卷七　單題一……一四九
解語花　高平……一四九
六么令　仙吕……一五〇
倒犯　仙吕……一五三
大酺　越調……一五五
玉燭新　雙調……一五六
花犯　小石……一五八
醜奴兒　大石……一五九
水龍吟　越調……一六〇
六醜　中吕……一六三
虞美人二首　正宫……一六五
卷八　單題二……一六七
蘭陵王　越調……一六七
蝶戀花四首　商調……一六九
西河　大石……一七二
歸去難　仙吕……一七六
三部樂　商調……一七七
菩薩蠻　正平……一七八

品令 商調……一七九
玉樓春 仙呂……一七九
黃鸝遶碧樹 雙調……一八〇
滿路花 仙呂……一八二
卷九 雜賦一……一八七
綺寮怨 中呂……一八七
拜星月 高平……一八八
尉遲盃 大石……一八九
遶佛閣 大石……一九〇
一寸金 小石……一九一
蝶戀花 商調……一九三
如夢令二首 中呂……一九四
月中行……一九七
浣沙溪三首 黃鍾……一九八
點絳唇 仙呂……一九九
少年游 黃鍾……二〇〇
望江南 大石……二〇三
卷十 雜賦二……二〇五
意難忘 中呂……二〇五
迎春樂 雙調……二〇六
定風波 商調……二〇九
紅羅襖 大石……二一〇
玉樓春四首 大石……二一〇
夜飛鵲 道宮……二一四
早梅芳二首 正宮……二一七
鳳來朝 越調……二一九
芳草渡 雙調……二一九
感皇恩 大石……二二〇
虞美人三首 正宮……二二三
跋……二二八

據國家圖書館藏宋刻本影印原書

版框高十八厘米寬十一點八厘米

汲古閣舊藏三琴趣齋重裝

片玉集 上

霎片玉龕填詞圖
寒雲主人教作
陳延韡恭寫

辭不輕措措辭之工也閱辭必詳其所措工於閱者也措之非輕而閱之非詳工於閱而不工於措胥失矣亦奚胥望焉是知雌霓之誦方脫諸口而見謂知音白題八滑之事既陳而當

毋之疑已釋楷矢譯實當非推其所
從則是物也彙物耳誰與能知觸物
而不明其原覩事而莫徵所自與冥
行何别故曰無張華之博則孰知五
色之珍無雷煥之識則孰辨衡斗之

靈况措辭之工豈不有待於閱者之
箋釋耶周美成以旁搜遠紹之才寄
情長短句縝密典麗流風可仰其徵
辭引類推古誇今或借字用意言言
皆有來歷真足冠冕詞林歡筵歌席

率知崇愛知其故實者幾何人斯殆
猶屬目於霧中花雲中月雖意其美
而皎然識其所以美則未也漳江孫
少章家世以學問文章爲廬陵望族
涵泳經籍之暇閱其詞病舊註之簡

略遂詳而疏之俾歌之者究其事達其意則美成之美益彰猶獲崑山之片珍瑑其質而彰其文豈不快夫人之心目也因命之曰片玉集云廬陵

劉肅必欽序

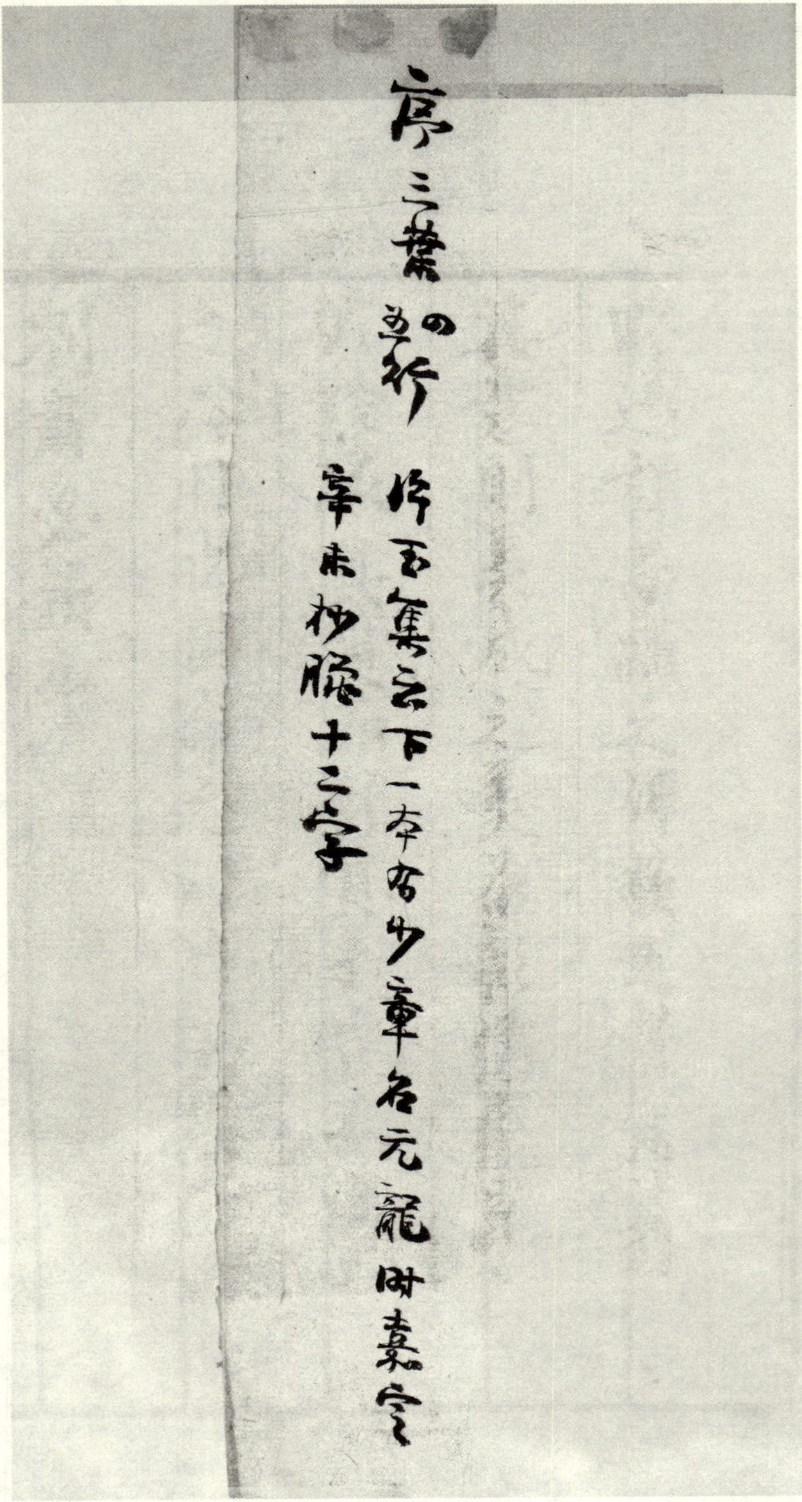
亭之葉の紀行
修玉集云下一本有少章名元龍附嘉定
辛未抄勝十二字

詳註周美成詞片玉集目錄

廬陵陳　元龍　少章集註

建安蔡　慶之　宗甫校正

卷之一

春景

瑞龍吟　越調

瑣窻寒　越調

風流子　大石

渡江雲　大石

應天長　商調

荔枝香 二首 大石
還京樂 大石
掃花遊 雙調

卷之二

春景

解連環 商調
玲瓏四犯 大石
丹鳳吟 越調
滿江紅 仙呂
瑞鶴仙 高平

西平樂 小石
浪淘沙 歇指
憶舊游 越調

卷之三

春景

驀山溪 大石
少年遊 二首
秋蕊香 雙調
漁家傲 二首 般涉
南鄉子 商調

望江南 大石
浣沙溪 三首 黃鍾
迎春樂 二首 雙調
點絳脣 仙呂
一落索 二首 雙調
垂絲釣

卷之四

夏景

蒲庭芳 中呂
隔浦蓮 大石

法曲獻仙音 大石
過秦樓 大石
側犯 大石
塞翁吟 大石
蘇幕遮 般涉
浣沙溪 四首
點絳唇 仙呂
訴衷情 商調

卷之五

秋景

風流子 大石
華胥引 黄鍾
宴清都 中呂
四園竹 小石
齊天樂 正宫
木蘭花 仙呂
霜葉飛 大石
蕙蘭芳 歇指
塞垣春 大石
丁香結 商調

卷之六

秋景

氐州第一 商調

解蹀躞 商調

少年遊 商調

慶春宮 越調

醉桃源 二首 大石

點絳唇 仙呂

夜遊宮 二首 般涉

訴衷情 商調

傷情怨　林鍾
冬景
紅林檎近　二首　雙調
蒲路花　仙呂
卷之七
單題
解語花　元宵　仙呂
六么令　重九　仙呂
側犯　新月　雙調
大酺　春雨

玉燭新 大石
花犯 小石
醜奴兒 梅花
水龍吟 越調
六醜 中呂
虞美人 二首 正宮
卷之八
單題
蘭陵王 越調
蝶戀花 商調 四首

西河 金陵 小石
歸去難 期約
三部樂 大石
菩薩蠻 正平
品令 商調
玉樓春 仙呂
黃鸝遶碧樹 春情 雙調
滿路花 思情 仙呂

卷之九

雜賦

綺寮怨 思情
拜星月 中呂
尉遲盃 雙調
遶佛閣 雙調
一寸金 小石
蝶戀花 商調
如夢令 二首
月中行 怨恨
浣沙溪 三首 黄鍾
點絳唇 仙呂

少年遊 商調
望江南 大石

卷之十

雜賦

意難忘 美詠
迎春樂 雙調
定風波 美情
紅羅襖 大石
玉樓春 四首
夜飛鵲 別情

早梅芳 留戀 二首

鳳來朝 佳人 越調

芳草渡 雙調

感皇恩 大石

虞美人 三首 正宮

詳註周美成詞片玉集目録

詳註周美成詞片玉集卷之一

廬陵陳 元龍 少章集註

建安蔡 慶之 宗甫校正

春景

瑞龍吟 大石

揮犀云盧藏用夜聞龍吟其聲清越入眞端龍吟也 聲

章臺路 史記秦昭王作臺於咸陽漢書張敞走馬章臺街下即路也 還見褪粉梅梢試花桃樹愔愔坊陌人家定巢燕子歸來舊處 柳惲詩玉戶夜愔愔杜詩頻來燕語定新巢 黯凝竚因念箇人癡小乍窺門戶 蘇子美常一云癡小出州記倚柱愔愔

更清有侵晨淺約宮黃障風映袖盈盈笑語李賀宮人面靨黃梁簡文約黃能效月

前度劉郎重到唐劉禹錫集云自朗州承召過玄都觀後復主客郎中重遊玄都唯兎葵燕麥動搖春風再題云種桃道士知何處前度劉郎今獨來

訪鄰尋里同時歌舞惟有舊家秋娘聲價如故杜牧杜秋娘詩序杜秋有寵於景陵後賜歸故鄉予過金陵感其窮且老因爲之賦詩

吟箋賦筆猶記燕臺句李義山詩序柳枝洛中里孃也年十七塗粧綰髻未嘗竟已余從昆讓山比柳枝居他日春陰讓山詠二燕臺詩柳枝問曰誰人爲是讓山曰此吾少年叔耳柳枝乃手斷其帶結讓山爲贈叔乞詩明日余策馬出其巷柳枝丫鬟靚粧抱立扇下風障一袖指曰若叔何深望之顧與郎俱余因諾之後不果留但

張望君有詩長吟遠下燕臺句惟有花香染未消知誰伴名園露飲東城閑步杜詩名園依綠水筆談石曼卿露頂而飲杜牧佐沈傳師幕在江西時張好好以善歌入籍一年鎮宣城復置好好宣籍又二年沈著作以雙鬟納之又二年往東城縱步復見之事與孤鴻去杜牧恨如春草多事逐孤鴻去探春盡是傷離意緒官柳低金縷杜甫官柳著行新温庭筠不似垂楊惜金縷歸騎晚纖纖池塘飛雨斷腸院落一簾風絮張景陽飛雨納朝蘭晏元獻梨花院落溶溶月柳絮池塘淡淡風

瑣窗寒 越調

文選鮑昭詩玉勾隔瑣窗

暗柳啼鴉杜甫沙上草閣柳新暗李賀楊柳伴啼鴉單衣佇立小

簾未卷桐花半畝靜鎖一庭愁雨酒空堦夜

闌未休杜甫暇屬愁春雨漁隱詩話嘉祐中有漁人於江心網得片石有絶句曰

滴空堦曉無心換夕香井桐花落盡一半在銀床故人剪燭西窻語

温庭筠舞衣曲詩回顧笑語西窻客似楚江暝宿風燈零亂山谷

詩我行暝托宿夜雨滴華榱杜甫風起春灯乱江鳴夜雨懸少年羈旅左傳

羈旅之官敢辱高位

遲暮嬉遊處九杜甫一云自傷遲暮眼正寒食無煙禁城百

五元稹詩初過寒食一百六店舍無煙宫樹緑旗亭喚酒付與高

陽儔侶李賀旗亭下馬解秋衣請貫宜陽一壺酒西京賦旗亭五重注曰市樓立

旗於上故漢酈食其謁高祖衣儒冠沛公謝之曰未暇見儒食其按劔叱曰吾高陽酒徒

卷一
二上九 句誤勾 寧

又
又下九注 鍼誤針

簾朱户桐花半畝靜鎖一庭愁雨洒空堦夜
闌未休杜甫晞屬愁春雨漁隱詩話嘉祐中有漁人於江心網得片石有絕句詞
滴空堦曉無心換夕香井桐花落盡一半在銀床故人剪燭西窗語
溫庭筠舞衣曲詩回顚笑語西窗客似楚江暝宿風燈零亂山谷
詩我行暝托宿夜雨滴華榱杜甫風起春灯乱江鳴夜雨懸少年羈旅左傳
羈旅之官敢辱高位
遲暮嬉遊處杜甫一云自傷遲暮眼正店舍無煙禁城百
五元稹詩初過寒食一百六店舍無煙宮樹綠旗亭喚酒付與高
陽儔侶李賀旗亭下馬解秋衣請貰宜陽一壺酒西京賦旗亭五重注曰市樓立
旗於上西漢酈食其謁高祖衣儒冠沛公謝之曰未暇見儒食其按劍叱曰吾高陽酒徒

非儒也沛公延入想東園桃李自春小唇秀靨今在否到歸時定有殘英待客携尊俎李賀穠眉纖小唇央晚奩粧秀靨

風流子 大石

劉良注文選曰風言其風美之声流於天下子者男子之通稱也

新綠小池塘唐梁鮑泉春詩新水新綠浮風簾動碎影舞斜陽謝玄暉風簾入双燕羨金屋去來舊時巢燕委羽燕詩乱巢金屋又誰爭劉禹錫舊時王謝堂前燕土花繚繞前度莓墻李賀三十六宮土花碧土建詩水中荷葉土中花繡閤鳳幃深幾許■聽得理絲簧欲說又休慮乖芳信未歌先咽

曾

愁近清觴杜甫清觴異味情最極

遙知新粧了開朱户應自待月西廂陸瑜歌新粧句

幾迴三五隱隱蓋藏臨洞户戲情集鶯鶯与張生詩待月西廂下迎風户半開拂墻花影

動疑是故人來最苦夢魂今宵不到伊行問甚時說

與佳音密耗寄將秦鏡偷換韓香韓香出晉書賈充女

悅韓壽美姿遂通焉竊奇香以与壽樂府云盤龍明鏡餉秦嘉辟惡生香寄韓壽美成全

用此對秦鏡决非始皇事天便教人霎時廝見何妨

渡江雲 小石

杜甫詩江入度山雲

晴嵐低楚甸揮畢宋迪瀟湘八景有山市晴嵐謝玄暉鳳翔陵楚甸暖

卷一　三上九本深下衍處字

卷一　三下五行注　亮宋本误作衣

又　四上九注　蔡宋本误范

又　四下十注　韩翃二字倒

回雁翼陣勢起平沙宋迪瀟湘八景有平沙落雁驟驚春

在眼借問何時委曲到山家杜甫庭春入眼濃蠖不器春風詩可

怜委曲來山舍塗香暈色盛粉飾爭作妍華千萬絲

陌頭楊柳漸漸可藏鴉李白陌頭楊柳黃金色孟郊楊柳織別愁

千條万條絲廣樂記詩楊柳可藏鴉

堪嗟清江東注畫舸西流杜甫倩江轉山急廣雅云南楚江湖

大舟謂之舸陳后山倩江盈舸照新晴指長安日下王勃序指長安於日

下愁宴闌風飜旗尾潮濺烏紗杜甫浪足得紗帽又百[illegible]

落烏紗今宵正對初弦月杜甫詩云掩初弦月傍水驛深

艤蒹葭杜甫織冥水驛孤沈恨處時時自剔燈花吳融

剪刀賦鶯香向曉晝書而頻剔灯花

應天長 商調

老子天長地久樂天詩天長地久无終畢

條風布暖易緯云立春條風至霏霧弄晴池塘遍滿春色皮日休桃花賦滿地春色正是夜堂無月沉沉暗寒食見瑣窓寒注梁間燕前社客歐陽獬燕詩長到春秋社前後爲誰去了爲誰來似笑我閑門愁寂亂花過隔院芸香滿地狼籍魚豢典畧曰芸香辟蠹魚長記那回時邂逅相逢郊外駐油壁毛詩邂逅相遇温飛卿油壁車輕金犢肥又見漢宮傳燭飛煙五侯宅韓翃

詩：春城无處不飛花，寒食東風御柳斜。日暮漢宮傳蠟燭，青煙散入五侯家。

青青草迷路陌 古樂府：青青河畔草。 強帶酒細尋前跡。市橋遠柳下人家，猶自相識。杜甫詩：市橋官柳細。

荔枝香 歇指

唐禮樂志：帝幸驪山，楊貴妃生日，命小部張樂長生殿，因奏新曲，未有名，會南方進荔枝，因名曰荔枝香。楊妃外傳亦云。

照水殘紅零亂，風喚去。虞世南：照水百花然。 盡日測測輕寒，簾底吹香霧。韓偓詩：小梅飄雪杏方紅，測測輕寒翦翦風。李賀詩：帳底吹笙香霧濃。 黃昏客枕無憀，細響當窗雨。淮南子日：薄於虞泉，是謂黃昏。 看兩兩相依燕新乳。王維颺二：燕新乳。

樓下水漸綠遍行舟浦李白云當時樓下水暮往朝來心逐片帆輕舉杜甫片帆在梆岸何日迎門小檻朱籠報鸚鵡麗情集小玉歌西北檻前鸚鵡籠中報道李郎來共剪西窗蜜炬李賀詩蜜炬千枝爛

第二

夜來寒侵酒席露微泫文選謝靈運溪行詩花上露猶泫舄履初會香澤方薰史記淳于髡曰男女同席舄履交錯杯盤狼藉羅襦襟解時聞薌澤○薌與香同重席曰舄單底曰履無端暗雨催人但怔燈偏簾捲樂天蕭蕭暗雨洒窗声回頭始覺驚鴻去雲遠洛神賦翩若驚鴻

卷一　五上　十行

傍依宋本误傍

又　五下九

燈编篋搭　宋本心篋搭燈编

樓下水漸綠遍行舟浦李白云當時樓下水暮往朝來心逐片帆輕舉杜甫片帆在郴岸何日迎門小檻朱籠報鸚鵡麗情集小玉歌西北檻前若鸚鵡籠中報道李郎來共剪西窗蜜炬李賀詩蜜炬千枝爛

第二

夜來寒侵酒席露微泫文選謝靈運溪行詩花上露猶泫舄履初會香澤方薰史記淳于髡曰男女同席舄履交錯杯盤狼藉羅襦襟解時聞薌澤○薌與香伺重底曰舄单底曰履無端暗雨催人但怔燈偏簾捲樂天蕭〻暗雨洒窓声回頭始覺驚鴻去雲遠洛神賦翩若驚鴻

大都世間最苦惟聚散（杜甫云人生在世間聚散亦暫時）到得春殘看即是開離宴細思別後柳眼花鬚更誰剪此懷何處消遣（李商隱詩花鬚柳眼各無賴紫蝶黃蜂俱有情）

還京樂　大石調

（唐禮樂志明皇自潞州入平內難半夜斬長樂門關領兵入宮剪逆後撰半夜樂此曲名還京樂）

禁煙近觸處浮香秀色相料理（山谷紅紫爭春觸處開曹子建秀色若可餐）正泥花時候奈何客裏光陰虛費望箭波無際迎風漾日黃雲委（慎子曰河之初下龍門其

泚如竹箭淮南子云黃泉之埃上爲黃雲任去遠中有萬點相思清淚李賀憶君清淚如鉛水杜甫却寄雙愁眼相思淚點懸到長淮底過當時樓下愁歎爲說春來羇旅況味李白當時樓下水今日知何處堪嗟誤約乖期向天涯自看桃李李詩話有詩看他桃李樹却憶後人花想而今應恨墨盈牋愁難照水怎得青鸞翼飛歸教見憔悴史錄住鳳有五色青多爲鸞唐宋畫詩將攀下風手願假青鸞翼

掃花遊 双調

曉陰翳日舒亶詩呼童且掃花边地便作羣仙醉倒處曹子建詠陰翳陽景正霧靄煙橫遠迷平楚

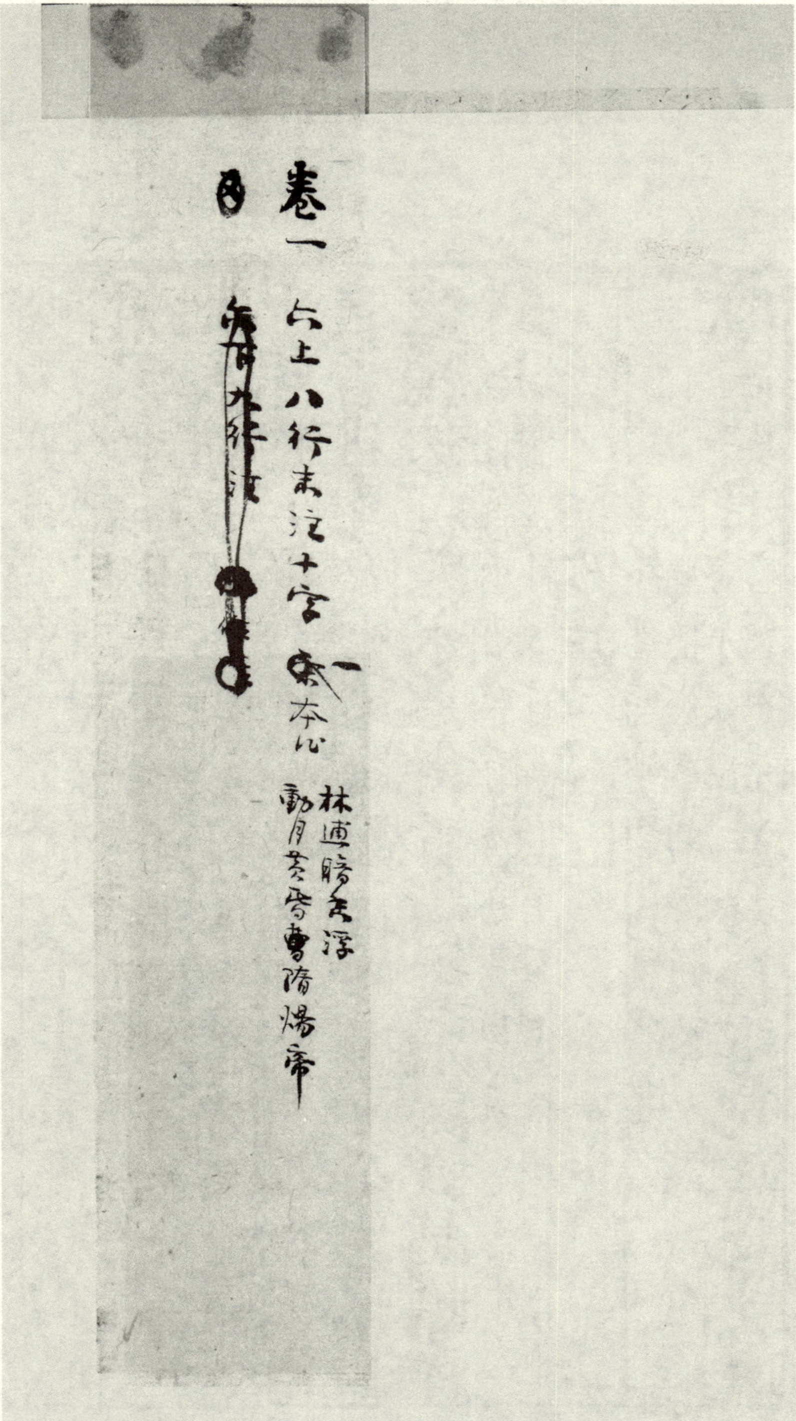

卷一

六上八行末注十字

泚如竹箭淮南子云黄泉之埃上爲黄雲任去遠中有萬點相思清淚李賀憶君清淚如鉛水杜甫却寄雙愁眼相思淚點懸到長淮底過當時樓下慇懃爲説春來羇旅況味李白當時樓下水今日知何處堪嗟誤約乖期向天涯自看桃李李詩話有詩看他桃李樹却憶後人花想而今應恨墨盈牋愁難照水怎得青鸞翼飛歸教見憔悴央録住鳳有五色青多爲鸞唐朱晝詩將攀下風手顯假青鸞翼

掃花遊 双調

舒亶詩呼童且掃花也地便作羣仙醉倒處

曉陰翳日曹子建澂陰翳陽景正霧靄煙横遠迷平楚

謝玄暉詩寒城一以眺平楚正蒼然暗黃萬縷聽鳴禽按曲小
腰欲舞李賀暗黃著柳宮漏遲李端詩不必如絲千萬縷只又選曲水詩亭前鳴鳥于
弁州注曰弁州山有五色鳥名曰鳴鳥其声皆有曲白樂天詩柳似舞腰池似鏡細
遶同堤駐馬河橋避雨晉杜預建橋於富平津樂府洛陽道河橋
度似雲間河知馬蝶信流去想一葉怨題今在何處青瑣
高議會聞葉上題紅怨葉上題詩寄與誰韓氏一聯佳句題流水十載相思滿素懷今自
却成鸞鳳友方知紅葉是良媒
春事能幾許韓愈春餘幾許時任占地持盃掃花尋
路淚珠濺俎元和聖德詩淚落入俎杜甫詩感時花濺淚嘆將愁
度日杜甫且將碁度日病傷幽素李賀傷心行咽咽學楚吟病骨傷幽

素

恨入金徽見說文君更苦樂天年下水米年來尤病渴悔辭幽恨寫金徽又李益時入分明似犯文君恨萬愁千愁絃上鳴黯凝竚掩重關遍城鍾鼓于武陵月落蒲城鍾

詳註周美成詞片玉集卷之一

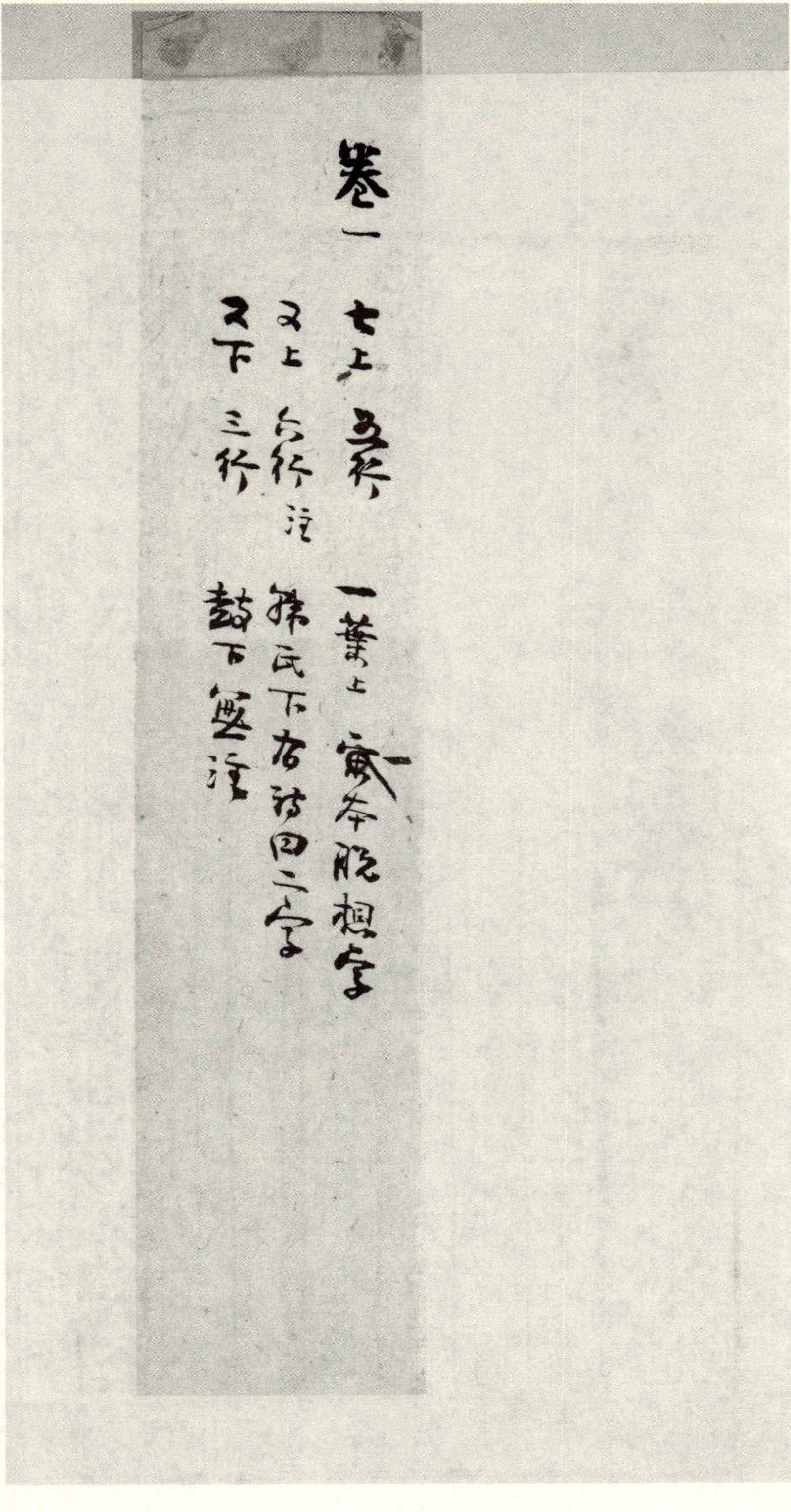

卷一

七上 五行 一葉上 寅一 本脫想字

又上 六行注 孫氏下有諸曰二字

又下 三行 鼓下 鏗注

素恨入金徽見說文君更苦楊大年詩冰絲年琴尤病渴悔解

幽恨寫金徽又李益詩入分明似把文君恨萬愁千愁絃上鳴黯凝竚掩重

關遍城鐘鼓于武陵月落蒲城鐘

詳註周美成詞片玉集卷之一

詳註周美成詞片玉集卷之二

春景

解連環 商調

莊子曰南方無窮而有窮今日適越而昔來連環可解也

怨懷無託嗟情人斷絕信音遼邈信妙手能解連環戰國策始皇遺齊君王后玉連環曰齊多智也解此環否以示羣臣羣臣不知解君王后引椎椎破之謝秦使曰謹以解矣似風散雨收霧輕雲薄燕子樓空暗塵鎖一牀絃索唐張建封節制武寧好賢樂善盼盼遇徐州奇色公納之燕子樓三日樂不息公薨盼盼感激深恩誓不他適杜甫暗壁生古鏡元稹詩云夜半月高絃索鳴想移根換葉盡是舊

時手種紅藥汀洲漸生杜若吳兢樂府解題云蘭若生春汀感時而思君子也杜若香草名三都賦其草則有杜若蘅蘭謝眺詩芳洲采杜若料舟移岸曲人在天角東坡詩故人各在天一角謾記得當日音書把閑語閑言待總燒却水驛春回望寄我江南梅萼荆州記曰吳陸凱與范曄善自江南寄梅花詣長安与曄并贈詩曰折梅逢驛使寄与隴頭人江南无所有聊贈一枝春拚今生對花對酒爲伊淚落

玲瓏四犯 大石

穠李夭桃是舊日潘郎親試春豔自別河陽長負露房煙臉晋潘安仁爲河陽令多栽桃李花人號曰河陽一縣花李

詳註周美成詞片玉集卷之二

春景

解連環 商調

莊子曰南方無窮而有窮今日適越而昔來連環可解也

怨懷無託嗟情人斷絕信音遼邈信妙手能解連環戰國策始皇遺齊君王后玉連環曰齊多智也解此環否以示羣臣羣臣不知解君王后引椎二破之謝秦使曰謹以解矣似風散雨收霧輕雲薄燕子樓空暗塵鎖一床絃索唐張建封節制武寧好賢樂善盼盼適徐府奇色公納之燕子三日樂不息公薨盼盼感激深恩誓不他適想移根換葉盡是舊杜甫暗壁生古鏡元稹詩云夜半月高絃索鳴

卷二十一下 ○移注 天文角止一天文角 又謬字脱

又 二上六 舊色 黄本作北倩色

義山紅露花客自蜜脾憔悴鬢點吳霜念想夢魂飛亂李賀吳霜點歸鬢金俞詩夢魂飛入瑤臺路嘆畫欄玉砌都換纔始有緣重見李後主詞雕欄玉砌應猶在

夜深偷展香羅薦刘禹錫泰娘詩錦衣羅薦承輕步暗窗前醉眠蔥蒨浮花浪蘂都相識誰更曾擡眼韓愈詩浮花浪蘂鎮長有休問舊色舊香但認取芳心一點又片時一陣風雨惡吹分散皮日休桃花賦狂風猛雨一陣紅去

丹鳳吟 越調

丹穴出鳳故名丹鳳

迤邐春光無賴杜甫无賴春色到江亭翠藻翻池黃蜂遊閣朝來風暴飛絮亂投簾幕尒雅日出而風為暴韓愈詩柳巷還飛絮生憎暮景杜甫生憎柳絮白於綿倚牆臨岸杏靨夭邪榆錢輕薄坡詩未利夭邪來請降歐公池館榆錢夜雨新晝永惟思傍枕睡起無憀殘照猶在庭角況是別離氣味坐來但覺心緒惡痛引澆愁酒韓愈乾愁漫解坐自累与衆異趣誰相親數盃澆腸雖暫醉皎〻萬慮醒還新坡詩澆愁有半瓶奈愁濃如酒無計消鑠唐韓琮暖風遲日濃如酒那堪昏暝簌簌半簷花落杜甫燈前細雨簷花落弄粉調朱柔素手問何時重握古今詩話李九皐謂徐仲雅一公均

此時此意長怕人道着詩如女弄粉調脂韓文握手出肺肝相示

滿江紅仙呂

晝日移陰攬衣起春帷睡足樂天攬衣推枕起徘徊臨寶鑑綠雲撩亂未忺粧束元稹詩撩亂雲鬟旋粧束杜牧賦綠雲擾擾梳曉鬟也蝶粉蜂黃都褪了李義山何處拂胸資蝶粉幾時塗額藉蜂黃枕痕一線紅生肉背畫欄脉脉悄無言尋棊局杜牧詩無言幾度春坡詩云棊局消長夏重會面猶未卜古詩道路阻且長會面安可知左傳未卜其夜無限事縈心曲高孝緯歌日暮縈心曲樂天詩說盡心中無限事想秦箏依舊尚鳴金屋初學記箏蒙恬所造故曰秦箏芳草連天迷

遠望（陳智夫芳草連天万里情）寶香薰被成孤宿（庾□□翠被夜徒）

薰最苦是蝴蝶滿園飛無人撲（杜陽雜編唐穆宗時禁苑花開有蝴蝶數万飛集花間宮人爭以羅巾撲之卒無有獲之者）

瑞鶴仙　高平

悄郊原帶郭（地志山陰南湖縈帶郊郭）行路永客去車塵

漠漠（沈約詩云高〻塵未減珠履故无声）斜陽映山落斂餘紅

猶戀孤城闌角凌波步弱（洛神賦凌波微步羅襪生塵）過

短亭何用素約（白氏六帖五里一短亭十里一長亭）有流鶯勸

我重解繡鞍緩引春酌（杜甫云清夜沉〻動春酌）

不記歸時早暮上馬誰扶醒眠宋閣（古詩云阿誰扶）

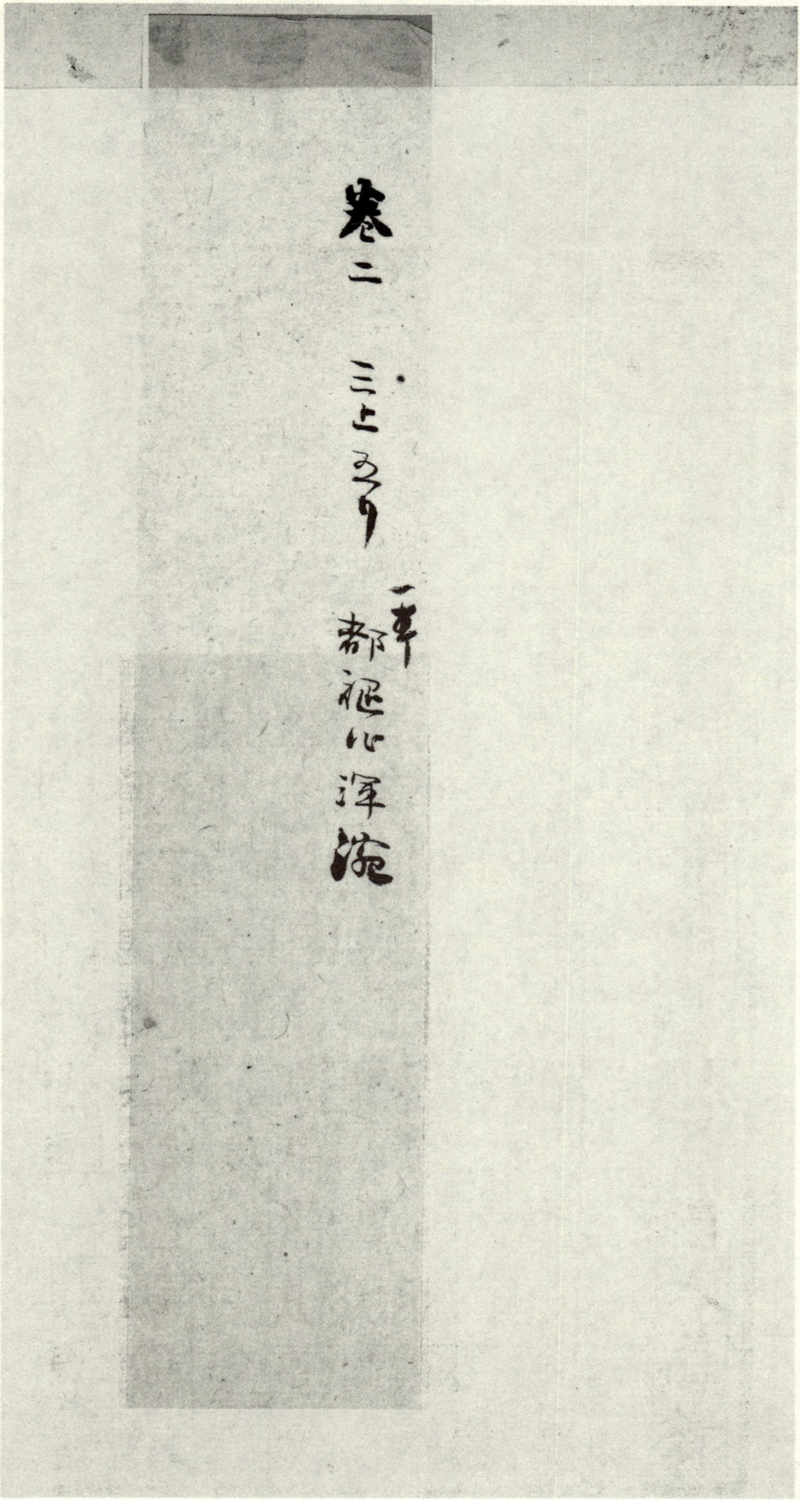

卷二

三上みり

一本

都祇比渾流

卷二 三頁下注 便下 壞寫州翠二字 再校 又頁注文 脱蓋字

又 二頁 人心心

卷二 四頁上十下一行 遥遥心區區 誤

上馬不省下樓時驚飈動暮扶殘醉遶紅藥許俞一云高臣劭看紅藥嘆西園已是花深無地東風何事又惡曹子建詩清夜遊西園西園在鄴都上林苑也任流光過却猶喜洞天自樂

西平樂

後漢注曰樂觀名在城之西

穉柳蘇晴故溪歇雨川迥未覺春賒駝褐寒侵歐陽文公輕寒漠漠侵駝褐小雨斑斑落燕泥正怜初日輕陰抵死須遮韓愈照臨初日曜嘆事逐孤鴻盡去注見崙瀧吟身與塘蒲共晚李賀句與塘蒲晚爭知向此征途迢

遥佇立塵沙追念朱顏翠髮曾到處故地使
人嗟
道連三楚阮籍三楚多秀士天低四野韓文陰雲記垂於四野
喬木依前臨路欹斜重墓想東陵晦迹史記召平
者故東陵侯秦破爲布衣種瓜賣彭澤歸來左右琴書自樂
松菊相依陶潛爲彭澤令不樂賦歸去來辭曰樂琴書以消憂又曰三經就荒
松菊尤存何况風流鬢未華多謝故人親馳鄭驛
史記鄭當時爲太子賓客置驛馬諸郊請謝賓客時倒融尊後漢孔融拜太
中大夫賓客日盈其門常嘆曰坐上客常滿尊中酒不空勸此淹留韓愈云勸
我此淹留共過芳時翻令倦客思家陸士[illegible]倦遊[illegible]手友

詩半生為客飽思家

浪濤沙 商調

劉禹錫有浪濤沙辭濯錦江邊兩岸花春風吹浪正濤沙女郎剪下鴛鴦錦時向中流定晚霞

晝陰重霜凋岸草霧隱城堞

杜甫霧隱平郊樹公羊傳五板而堵五堵而雉百雉而城城堞

南陌脂車待發

左傳云巾車脂轄言以脂塗車轄也

東門帳飲乍闋

西漢疏廣為太傅兄子受為少傅在位五歲廣上疏乞骸骨上許之公卿大夫故人邑子設祖道供帳東都門外送者車數百兩辭決而去道路觀者曰賢哉二大夫

正拂面垂楊堪攬結

溫庭筠楊柳千絲拂面絲

掩紅淚玉手親折

嚴清臣灼之[illegible]成言妓与裴質善[illegible]八

戴縱紅淚寫寄杜甫家床玉手乱殷紅念漢浦離鴻去何許經時信音絕杜賁別詩离迴失所望情切望中地遠天闊向露冷風清无人処耿耿寒漏咽嗟万事難忘惟是輕別東坡云季珪曰人世万事惟別離最難琴尊未竭憑斷雲留取西樓殘月漁隱叓宝松詩月滿西樓酒半醒羅帶光銷紋衾疊連環解舊香頓歇怨歌永瓊壺敲盡缺杜詩歌長擊壺破缺節每歌以如意打玉唾壺唾壺盡缺恨春去不與人期弄夜色空餘滿地梨花雪麗情集无双歌庭下梨花雪四垂

憶舊遊 越調

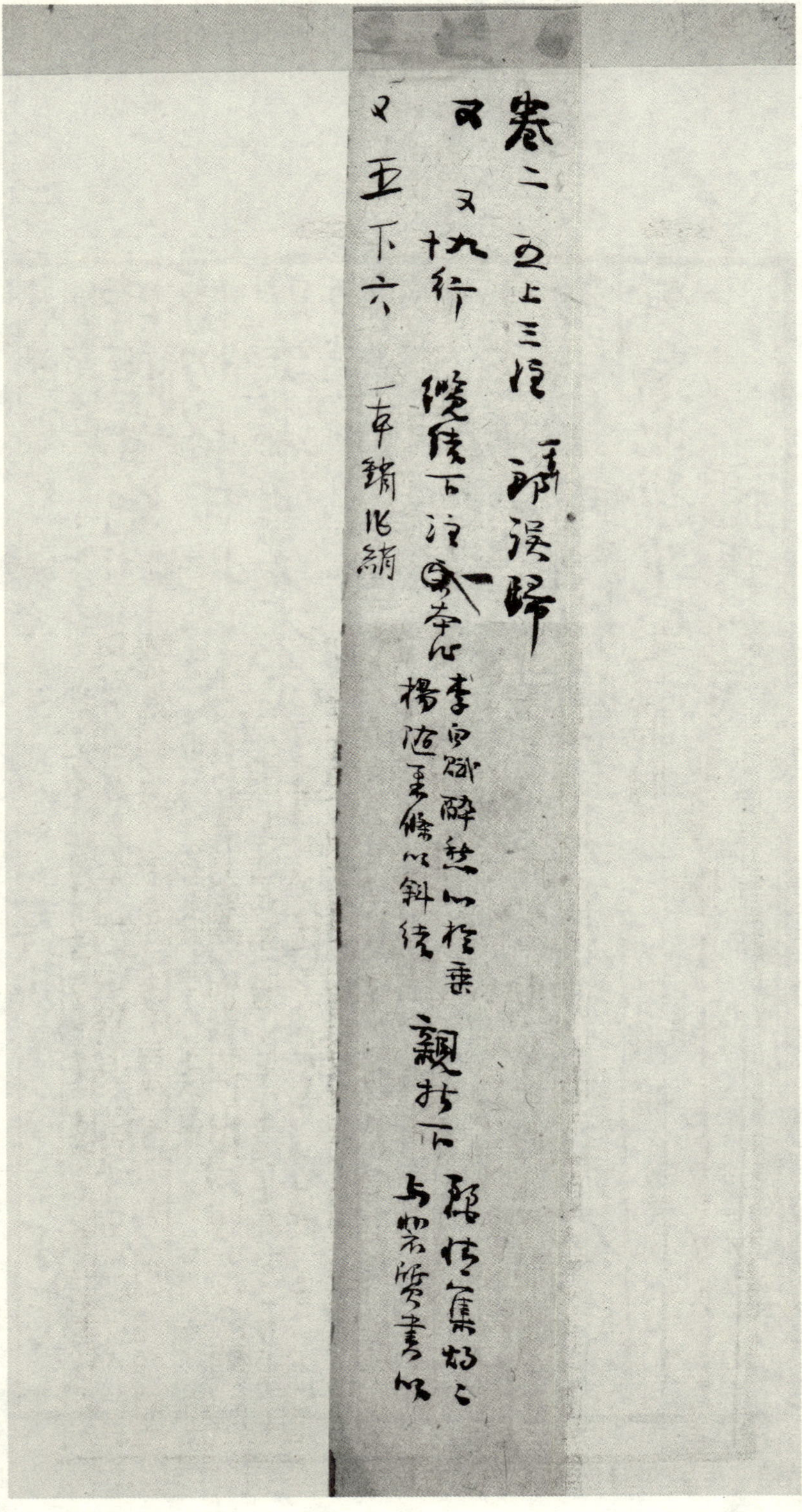
卷二 五上三行 請溪歸
又 又十九行
又 五下六
一本 錯作緒

戲縈聚紅淚寫寄杜甫家床玉手乱斂紅念漢浦離鴻去何許經

時信音絕杜賛别詩离迴佚所望

情切望中地遠天闊向露冷風清无人處耿

耿寒漏咽嗟万事難忘惟是輕别東坡一云季珪曰人世

万事惟别離最難琴尊未竭憑斷雲留取西樓殘月

漁隱叟宝松詩月岦滿西樓酒半醒羅帶光銷紋衾疊連環解

舊香頓歇怨歌永瓊壷敲盡缺杜詩歌長擊蕁破減节每

歌以如意打玉唾壺唾壺尽缺恨春去不與人期弄夜色空

餘滿地梨花雪晋情集无双歌庭下梨花雪四垂

憶舊遊 越調

李白有憶舊遊贈馬少府
此地別夫子今來憶舊遊
記愁橫淺黛淚洗紅鉛門掩秋宵柳子厚門無候出秋
墜葉驚離思聽寒螿夜泣刘禹錫賦夕草亂起寒螿之愁
雨蕭蕭胡曾墜葉蕭〻九月天王充論衡寒蛩啼感陰氣也鳳釵半脫
雲鬟怨影燭光搖元稹鳳釵乱折金鈿碎漸暗竹敲涼
杜甫一云風竹〻翔敲疎螢照晚兩地魂銷韓愈兩地天千里江淹賦
黯然銷魂
迢迢問音信道徑底花陰時認鳴鑣張委九懋日鳴
玉銜之鸞鑣又馬銜鐵也也擬臨朱戶嘆因郎憔悴羞見
郎招麗情集崔氏与張生詩自從別後減容光万轉千回懶下床不為旁人羞不見

為郎憔悴却羞郎舊巢更有新燕楊柳拂河橋宋之問曰
別河橋楊柳風々卧伊川畔李月但滿目京塵東風竟日吹
露桃陸士衡京洛多風塵顧況蓋章春歌露桃穠杏日成下

詳註周美成詞片玉集卷之二

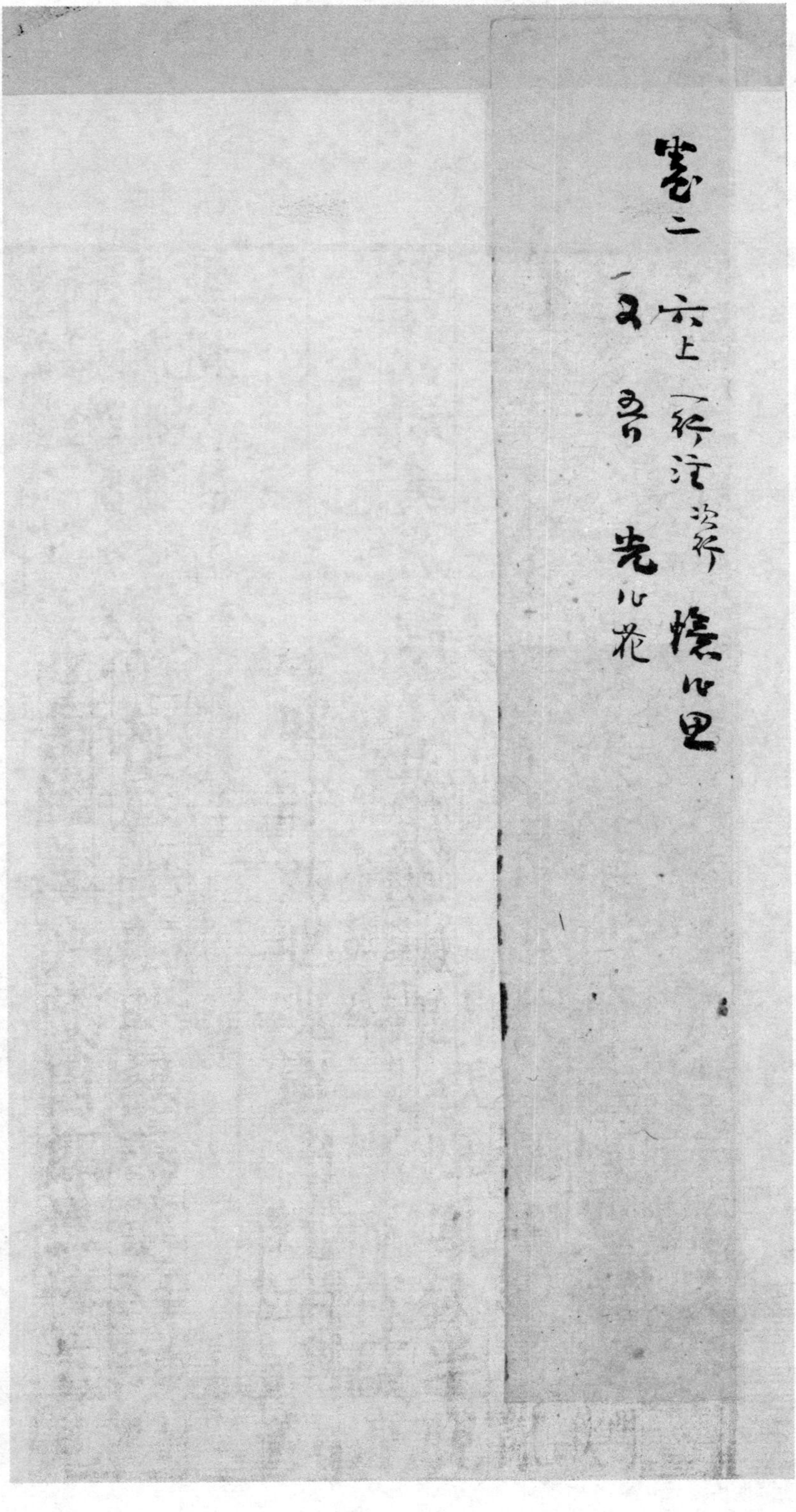
卷二
六上
一行注
次行
音

爲郎憔悴却羞郎舊巢更有新燕楊柳拂河橋宋之問詩

別河橋楊柳風々卧伊川縣李月但滿目京塵東風竟日吹

露桃陸士衡京洛多風塵顧况茁阜春歌露桃穠杏白成下

詳註周美成詞片玉集卷之二

詳註周美成詞片玉集卷之三

春景

蔦山溪 大石

李賀馬詩句日蔦青山

湖平春水菱荇縈舡尾空翠入衣襟 王維山路元无雨空翠濕人衣

拊輕根遊魚驚避 說文曰根木乃根板叩舡為聲以驚魚使入網中

晚來潮上迤邐沒沙痕 杜甫潮來山沒沙觜

四倚雲漸起鳥度屏風裏 李白清溪清我心水色異諸水行人明鏡中鳥度屏風裏

周郎逸興黃帽侵雲水 西漢鄧通以擢船為黃頭郎顏注曰刺船

皆著黃帽杜甫云黃帽映青袍落日媚滄洲泛一棹夷猶未已謝玄暉停驂我悵望輕棹子夷猶玉簫金管不共美人遊李白木蘭之枻沙棠舟玉簫金管坐兩頭因箇甚煙霧底獨愛蓴羹美晉張翰因秋風起乃思江南蓴羹鱸鱠遂命駕東歸

少年遊 黃鍾

鮑照行樂詩春風太多情村村花柳好少年宜遊春莫使顏色槁

南都石黛掃晴山玉臺新詠南都石黛最發雙蛾又趙后外傳云趙合德爲薄眉號遠山黛乃晴明遠山之色也今人有遠山眉衣薄耐朝寒韓偓詩六銖衣薄惹輕寒一夕東風海棠花謝樓上捲簾看韓偓海棠花在否側臥捲簾看

而今麗日明如洗更肎吾顔詩字竟豈日明南陌暖彫鞍舊

賞園林喜無風雨杜甫詩中宵風雨瞋幽栖零落黃花滿地金春

鳥報平安杜甫春日詩每日報平安

第二

朝雲漠漠散輕絲張景陽騰雲似涌煙密雨如散絲樓閣淡

春姿杜甫云溪壑為我回春姿柳泣花啼洪覺範對句啼粧露濕花九

街泥重門外燕飛遲杜甫泥融飛燕子

而今麗日明金屋春色在桃枝林逋只知春色在桃蹊

不似當時小橋衝雨幽恨兩人知

秋蘂香 雙調

乳鴨池塘水暖（李賀云曲沼眠乳鴨）風緊柳花迎面（李白風吹柳花滿店香）午粧粉指印窗眼曲裏長眉翠淺（李賀鄭姬歌自從小靨來東道曲裏長眉少見人）問知社日停針線探新燕（佳見應天長下）寶釵落枕春夢遠（元稹鳳凰寶釵為郎戴）簾影參差滿院

漁家傲（般涉）

（楚大夫往見莊子持竿不顧是漁家傲也）

灰暖香融銷永晝（李賀灰暖殘香炷）蒲萄架上春藤秀（李嶠藤詩云色映蒲萄架）曲角闌干羣雀鬬清明後風掩萬縷亭前柳（王云風梳古木香）

日照釵梁光欲溜（山谷云翡翠釵梁碧）循堦竹粉沾衣袖（韓愈竹詩云露粉先涵淚）挼挼面紅如着酒沉吟久（後漢光武召諸將議兵云未有言沉吟久之）昨宵正是來時候

第二

幾日輕陰寒測測（注見荔枝香下）東風急處花成積醉踏陽春懷故國（洪駒父詩話長安少女踏春陽無處春陽不斷腸舜）歸未得黃鸝久住如相識（袖弓彎渾忘却蛾眉空帶九秋霜）（戎昱遣妓詩好去春風湖上亭柳條藤蔓繫人情黃鶯久住如相識欲去頻啼四五聲）賴有蛾眉能暖客（詩螓首蛾眉[illegible]云暖客黑貂裘）長歌屢勸金盃側歌罷月痕來照席（杜甫云羅[illegible]燭帳月照席）貪

歡適簾前重露成涓滴杜甫云重露成涓滴稀星乍有无

南鄉子 商調

晉國高士全隱於南鄉因以爲氏比

曉色動粧樓元稹晨光未出簾影黑太真梳洗樓上頭短燭熒熒

悄未收自在開簾風不定颼颼李益開簾風動竹風俗通日小風日颼颼

池面冰澌趁水流吳均散漫下冰澌

早起怯梳頭欲綰雲鬟又却休雲鬟注見前不會

沉吟思底事凝眸兩點春山滿鏡愁春山注見少年

遊下

望江南 大石

樂府雜錄望江南始自李德裕鎮浙西日爲亡妓謝秋娘所撰本名謝秋娘後改爲望江南

遊妓散獨自達回堤蘇味道遊妓皆穠李芳草懷煙迷水曲密雲銜雨暗城西易曰密雲不雨自我西郊花陌未霑泥

桃李下春晚未成蹊李廣傳桃李不言下自成蹊牆外見花尋路轉柳陰行馬過鶯啼無處不悽悽

浣沙溪黃鐘

杜甫後肚先主翰洗桑浣沙溪

爭撚桐花兩鬢垂小粧弄影照清池司空池弄

影京還出簾踏韆趁蜂兒

跳脫添金雙腕重（漢繁欽定情詩何以叙契闊繞腕雙跳脫）琵琶

撥盡四絃悲（樂天琵琶行曲終抽撥當心畫四絃一聲如裂帛）夜寒

誰肯剪春衣（柳公權詩春日得春衣）

第二

雨過殘紅濕未飛（庾信喜晴濕花飛未久）珠簾一行透

斜暉（周式詩珠簾繡戶遲遲日柳絮梨花寂寞春）遊蜂釀蜜竊香

歸

金屋無人風竹亂衣篝盡日水沉微一春須

有憶人時（漢官儀注曰篝落也可薰衣之用耳）

第三

樓上晴天碧四垂韓偓云淚眼倚樓天四垂樓前芳草接天涯勸君莫上最高梯

新筍已成堂下竹張擇詩簷前新筍看成竹落花都上燕巢泥皮光業有人折擲和輕絮飛燕銜泥帶落花忍聽林表杜鵑啼李義山望帝春心托杜鵑其聲哀怨不忍聽之耳

迎春樂 雙調

清池小圃開雲屋文選碑文云郭鄽之內雲屋萬家乃高樓也李義山雲屋聽窗知結春伴往來熟杜甫云青春作伴好還鄉憶年時縱酒盃行遲看月上歸禽宿師曠禽注陸鳥曰棲水禽曰宿

牆裏脩篁森似束 元稹連昌宮辭連昌宮中滿宮竹歲久無人森似束

記名字曾刊新綠見說別來長沿牆蘚封寒

玉 揮犀集云楚竹初生苔封之士人斫之侵水中洗去蘚故蘚痕成紫暈封誰看世

第二

桃溪柳曲閑蹤跡俱曾是大堤客 李白昔爲大堤客曾上山公樓

解春衣貰酒城南陌 杜甫朝回日日典春衣謝惠連騎馬城南陌

頻醉臥胡姬側 晉阮籍公邑家婦有美色當壚沽酒籍與王安豐常從婦飲籍醉便臥其側夫不疑之此云胡姬事注在側犯中

鬢點吳霜嗟早白 李賀吳霜點歸鬢 更誰念玉溪消

息 李商隱號玉溪生九月有詩云十八年泉下無消息九日尊前有所思 他日水

雲身相望處無南北

點絳唇 仙呂

鮑昭蕪城賦東都妙姬南安佳人蕙心紈質玉貌絳唇

臺上披襟快風一瞬收殘雨宋玉風賦楚襄王遊蘭臺之宮有風颯然而至王乃披襟而當之曰快哉此風文選撫四海於一瞬柳絲輕舉

蛛網粘飛絮杜甫飛絮遊絲亦有情隨風照日宜輕舉

極目平蕪應是春歸處愁凝竚楚歌聲苦胡曾詠史八千兵散楚歌聲村落黃昏鼓南史李崇爲兗州刺史令村置一樓樓懸一鼓雙搥亂擊聲布百里又杜甫村鼓時時急

一落索 雙調

眉共春山爭秀可憐長皺樂天宛轉蛾眉遠山色莫將清淚濕花枝恐花也如人瘦李賀云淚如鉛水杜甫詩感時花濺淚

清潤玉簫閑久知音稀有玉臺新詠枝成詩不惜歌者苦但傷知音稀欲知日日倚闌愁但問取亭前柳杜甫詩問柳尋花到野亭

第二

杜宇思歸聲苦和春催去韓愈催歸日未西注云杜宇是也

倚闌一霎酒旗風歐陽公西風酒旗市任撲面桃花雨李賀詩況是青春日將暮桃花亂落如紅雨

目斷巃雲江樹柳惲巃首秋雲飛謝朓雲中辨江樹難逢尺素
文選呼童烹鯉魚中有尺素書落霞隱隱日平西料想是分
攜處

垂絲釣　商調

縷金翠羽妝成纔見眉纖雲齋廣錄高氏詩等閑覓盡縷金衣
王君內傳南極夫人被青羽裙漢張敞守京兆為妻畫眉長安傳京兆眉嫵出本傳倦
倚綉簾看舞風絮愁幾許寄鳳絲鴈柱王建鳳凰
飛入四條絃貫休詩刻成箏柱鴈相挨
春將暮向層城苑路鈿車似水時時花徑相
淮南子崑崙上有層城九重鈿車上飾過池後漢馬后云車如流水馬如游龍舊

遊伴侶還到曾來處門掩風和雨梁間燕語

問那人在否山谷詩借問琵琶得聞否靈君色莊妓攜手杏梁歸燕空歸多索此雲窗霧閣何出漁隱有本末

詳註周美成詞片玉集卷之三

詳註周美成詞片玉集卷之四

夏景

滿庭芳 中呂

柳子厚贈江華長老詩云滿庭芳草積

風老鶯雛，雨肥梅子，杜甫詩紅綻雨肥梅午陰嘉樹清圓。劉夢得詩日午樹陰正左傳昭公二年季氏有嘉樹焉地卑山近，衣潤費爐煙。杜甫詩笑攜卑濕地又衫裛累纖潤又浥浥爐煙初從夜人靜烏鳶自樂，小橋外、新綠濺濺。杜甫詩人靜烏鳶樂木蘭詞但聞黃河水濺濺凭欄久，黃蘆苦竹，擬泛九江船。樂天琵琶行住近湓江地低濕黃蘆苦竹繞宅生杜甫詩聞道巴山裏春船正好行都將百年興一

年年如社燕飄流瀚海來寄脩椽（西漢霍去病登臨瀚海瀚海崔浩注曰羣鳥之所解羽故曰瀚海杜甫詩茅茨寄短椽）且莫思身外長近尊前（杜甫詩莫思身外無窮事且盡尊前有限盃）憔悴江南倦客不堪聽急管繁絃歌筵畔先安簟枕容我醉時眠（陶潛謂客云我醉欲眠君且去）

隋浦蓮　大石

新篁搖動翠葆（謝朓詩翠葆隨風金戈動日五采羽名爲葆言新竹如此）曲徑通深窈（杜甫詩小徑曲通村）夏果收新脆金丸落驚飛鳥（韓愈詩北燃夏黃磊若實臕李賀詩背把金丸落飛鳥）濃靄迷岸

草蛙聲鬧驟雨鳴池沼韓愈食蝦蟇強名爲蛙蛤於實無所校鳴
聲相呼和無理只取鬧

水亭小浮萍破處簾花簷影顛倒張子野詩浮萍破處
見山影杜甫詩云簷影微微落綸巾羽扇困臥北窗清曉世說
云謝萬詣簡文帝著白綸巾乘素車葛巾白羽扇指揮三軍蜀志云諸葛亮晉陶潛常言
夏月虛閑時高臥北窗之下清風颯至李賀詩秦妃捲簾北窗曉屏裏吳山
夢自到驚覺依然身在江表溫庭筠詩屏上吳山遠樓中朔
管悲江表言江南也

法曲獻仙音 大石

唐志元宗知音律又酷愛法曲又云夢仙子十輩御雲而下列於

庭名親樂獸山音也

蟬咽涼柯燕飛塵幕王介甫牆西綠詩渺渺涼蟬咽欲休晏元獻詩簾幕中間燕子飛

漏閣藏聲時度陳紀雜人詞漏傳藏於殿中者分役鐵於階上使綰然有聲漏箴乃籌籌削出

倦脫綸巾困便湘竹桐陰半侵朱戶向拖影疑情處時聞打窗雨文選云落落窮巷士抱影守空廬韓偓詩幾時花使寒東風打窗雨

耿無語歎文園近來多病情緒懶尊酒易成間阻杜甫詩文園多病後又句時一尊酒

縹緲玉京人想依然京兆眉嫵雲翹夫人云藍橋便是神仙宅何必崎嶇上玉京眉嫵事注見前卷

翠幕深中對徽容空在紈素潘安仁云翠幕黕以雲布麗情

草蛙聲鬧驟雨鳴池沼韓愈食蝦蟆強名為蛙蛤於實無所校鳴聲相呼和無理只取鬧

水亭小浮萍破處簾花簷影顛倒張子野詩浮萍破處見山影杜甫詩云簷影微微落

綸巾羽扇困卧北窗清曉世說云謝萬詣簡文帝著白綸巾蜀志云諸葛亮乘素車葛巾白羽扇指揮三軍晉陶潛常言夏月虛閑時高卧北窗之下清風颯至李賀詩秦妃捲簾北窗曉

屏裏吳山夢自到驚覺依然身在江表溫庭筠詩屏上吳山遠樓中朔管悲江表言江南也

法曲獻仙音 大石

唐志玄宗知音律又酷愛法曲又云夢仙子十輩御雲而下列於

卷四之下

一行注　親宜從家本作執

又　二注　祿宜從家本作樹

集云崔徽善歌舞慕敬中後使近身寫其形容驛使由梁郡持与敬中此之类也待花前月下見了不教歸去梅花神花娘歌月下花前不暫離暫離已見銀河遠

過秦樓 大石

水浴清蟾葉喧涼吹李商隱云風葉共成喧唐太宗詩涼吹肅離宮巷陌馬聲初斷閑依露井杜甫詩露井東銀床又湯僧濟詩摘光露金井笑撲流螢惹破畫羅輕扇孟蜀花蘂夫人詩銀燭秋光冷畫屏輕羅宝扇撲流螢人靜夜久凭欄愁不歸眠立殘更箭周礼挈壺氏滿水法更箭以漏刻為之嘆年華一瞬人今千里夢沉書遠

空見說鬢怯瓊梳容銷金鏡李白詩明明金鵲鏡了了玉臺前漸嬾趁時勻染梅風地溽虹雨苔滋李賀云渡口梅風歌扇薄王勃云虹銷雨霽杜甫詩楚雨石苔滋一架舞紅都變宋景文落花詩墜絮飄紅各自傷將飛更作回風舞誰信無憀為伊才減江淹南史江淹少嘗宿於冶亭夢人授五色筆因而有文章後夢郭璞取其筆自此為詩尢美句人称才尽情傷荀倩世說云荀奉倩妻曹氏有艷色妻嘗病熱奉倩嘗以冷身熨之妻亡奠曰佳人難再得人弔之不哭而傷神无幾奉倩亦卒但明河影下還看稀星數點杜甫詩云明河繞塞微又云稀星作有无

側犯　大石

卷四

三上六　初獄二字宋本脱

下七注　齊金井心齊井邊

又

三下　七注　李化箋

空見說鬢怯瓊梳容銷金鏡李白詩明明金鏡裏了了玉臺

前漸嬾趂時匀染梅風地溽虹雨苔滋李賀云渡口梅風歌扇薄王勃云虹銷雨霽杜甫詩楚雨石苔滋

一架舞紅都變宋景文落花詩墜絮飄紅各自傷將飛更作回風舞

誰信無憀爲伊才減江淹南史江淹少嘗宿於冶亭夢人授五色筆因而有文章後夢郭璞取其筆自此爲詩尤美句人称才尽

情傷荀倩世說云荀奉倩妻曹氏有艷色妻嘗病熱奉倩嘗以冷身熨之妻亡粲曰佳人難再得人弔之不哭而傷神无幾奉倩亦卒

但明河影下還看稀星數點杜甫詩云明河繞塞微又云稀星作有无

側犯　大石

暮霞霽雨小蓮出水紅粧靚何遜詩霞多蓮出水風定看步韈江妃照明鏡江妃本出洛神賦張文潛川作蓮花詩水宮仙子鬭新粧輕步凌波踏明鏡飛螢度暗草秉燭遊花徑古詩云何不秉燭遊人靜攜艷質追涼就槐影杜甫云憶昔好追涼金環皓腕雪藕清泉瑩文選美女篇攘袖見素手皓腕約金環杜甫詩佳人雪藕絲誰念省滿与香猶是舊荀令李端贈郭駙馬詩焚香荀令偏憐小蓋荀令則年十五撥国婚之騷不欲連姻帝室乃遠遁長步尋不獲見說胡姬酒壚寂靜玉臺新詠云辛延年羽林郎詩昔有霍家奴姓馮名子都依倚將軍勢調笑酒家胡〻姬年十五春日獨當壚長裾連理帶廣袖合歡襦左傳註胡姬乃齊景公妾也煙鎖漠漠藻池苔井謝玄暉詩

生烟紛漠〻杜甫
詩翠苔生古井

塞翁吟 大石

暗葉啼風雨李賀云木葉啼風雨窗外曉色瓏璁李白詩紗窗曉色新李賀云羅人唱罷曉瓏璁散水麝小池東亂一岸芙蓉蘄州簟展雙紋浪九域志云蘄土貢簟文潞公詩蘄州蘄葉水紋寒輕帳翠縷如空夢念遠別淚痕重淡鉛臉斜紅江謝翺遇鬼詩斜月照人今夜夢落花啼雨去年春鬼云愁態上眉緣淺綠淚痕侵臉落殘紅忡忡嗟憔悴新寬帶結羞艷冶都銷鏡中詩憂心忡忡蕭綱詩纖腰非斈柳寬帶為思君有蜀紙堪憑寄恨韙昌自寄

卷四

四上二行注　鉞誤付

又八行注　辛誤卒

四下六行　夢下脱石谷字

生煙紛漠漠杜甫詩翠苔生古井

塞翁吟 大石

暗葉啼風雨李賀云木葉啼風雨窗外曉色瓏璁李白詩紗窗曉色新李賀云羅人唱罷曉瓏璁散水霽小池東亂一岸芙蓉蘄州簟展雙紋浪九域志云蘄土貢簟文潞公詩蘄州蕲葉水紋寒輕帳翠縷如空夢念遠別淚痕重淡鉛臉斜紅謝鄭遇鬼詩斜月照人今夜夢落花啼雨去年春鬼云愁態上眉隊淺綠淡痕侵臉落殘紅忡忡嗟憔悴新寬帶結羞豔冶都銷鏡中詩憂心忡忡蕭鄭詩纖腰非李柳當帶為思君有蜀紙堪憑寄恨韓偓有寄

悵詩云蜀紙處箋水字紅等今夜酒血書詞剪燭親封韓偓云劉刪以爲紙研血以書詞毛達可安詩剪燭親封緘字書菖蒲漸老早晚成花教見薰風

蘇幕遮 般涉

燎沈香消溽暑吳詩沈香作庭燎沈約云臨池消溽暑鳥雀呼晴侵曉窺簷語葉上初陽乾宿雨水面清圓一一風荷舉蘇子美鶯啼霜樹聲倩圓燕立風前躰輕李東坡初陽生眼纈故鄉遙何日去家住吳門久作長安旅五月漁郎相憶否小楫輕舟夢入芙蓉浦

浣沙溪

日射欹紅蠟帶香溫岐湘二曲蠟作杏帶風乾微汗粉

襟涼碧紗對掩簟紋光

自剪柳枝明畫閣爲柳所暗而剪之使明也戲拋蓮菂種

橫塘爾雅曰荷芙蕖其實蓮其中菂揮犀云投蓮菂於靛甕揮之則花碧元祐中戲縣民池中生碧蓮用此術長亭無事好思量

第二

翠葆參差竹徑成新荷跳雨淚珠傾梵崇云綠荷擎雨看跳珠杜甫云涼沸荷珠碎却圓曲欄斜轉小池亭

風約簾衣歸燕急水搖扇影戲魚驚杜甫詩魚吹細浪搖歌扇柳梢殘日弄微晴

卷四 河上公注 北宋本以以是

日射歒紅蠟蔕香温岐燭二本蠟作杏蔕風乾微汗粉襟凉碧紗對掩鐏紋光

自剪柳枝明畫閣爲柳所暗而剪之使明也戲拋蓮菂種横塘尒雅曰荷芙蕖其實蓮其中菂揮犀云投蓮菂於敲甕種之則花碧二沉銘中識縣民池中生碧蓮用此術長亭無事好思量

第二

翠篠參差竹徑成新荷跳雨淚珠傾梵崇云緑荷擎雨看跳珠杜甫云涼拂荷珠碎却圓曲欄斜轉小池亭

風約簾衣歸燕急水搖窓影戲魚驚杜甫詩魚吹細浪搖歌扇柳梢殘日弄微晴

第三

薄薄紗㕑望似空簟紋如水浸芙蓉（東坡云簟紋如水帳如烟）起來嬌眼未惺憁強整羅衣擡皓腕更將紈扇掩酥胸（班姬詩新製齊紈素裁爲合歡扇昔王珉與嫂婢有情嫂撻之婢素善歌而珉好持團扇故其婢歌云團扇復團扇持許自遮面憔悴無復理羞與郎相見）羞郎何事面微紅（古詩云今日牛羊上丘隴當時近前面發紅）

第四

寶扇輕圓淺畫繒象牀平穩細穿藤（孟嘗君出楚獻之象牀）飛蠅不到避壺冰（鮑昭云清如玉壺冰）

髽枕面涼頭憶睡玉纖手汗錯成聲日長無力要人凭北夢瑣言嚴遵美以紫衣常來謁語書召政掌中又叙政手汗揩濕湖

點絳唇

征騎初停酒行莫放離歌舉孫楚有離歌詩李賀云離歌繞懸絃柳汀蓮浦看盡江南路苦恨斜陽冉冉催人去空回顧淡烟橫素李白云林烟横積素不見揚鞭處李賀云何忍重揚鞭

訴衷情 商調

出林杏子落金盤齒軟怕嘗酸可惜半殘青紫猶有小唇丹北子云唇若激丹

南陌上落花閑雨斑斑（李白云朝步落花閑歐公云小雨斑斑作燕泥）不言不語一段傷春都在眉間

詳註周美成詞片玉集卷之四

片玉集 下

宋刊十卷全

詳註周美成詞片玉集卷之五

秋景

風流子　秋怨　大石

刘良注文選風流言風美之声流於天下梁范靜妻詐意風流子离情肯自私

楓林凋晚葉關河迥楚客慘將歸杜詩玉露凋傷楓樹林關境上關河孟津也宋玉九辯登山臨水兮送將歸望一川暝靄雁聲哀怨半規涼月人影參差應瑒詩朝雁鳴雲中音響一何哀謝靈運詩遠峰隱半規杜詩涼月白紛紛荊公詩月明還見影參差赤壁賦人影在地

酒醒後淚花銷鳳蠟風幕卷金泥庾信詩銅荷承淚蠟杜詩花催蠟炬銷南史王僧綽少時与兄弟聚會採蠟燭淚為鳳凰鳳凰事本於此李後

主詞曲欄朱箔惆悵 卷也金泥金泥銷金也 砧杵韻高喚回殘夢綺
羅香減牽起餘悲 謝惠連詩欄高砧響發擣 長杵声哀古詩喚回千里夢
一黃鸝秦少游詩蓬門未識 綺羅香杜詩慨慷有餘悲
亭皋分襟地難拚處偏是掩面牽衣 子虛賦 亭皋千
里李義山詩愁極惜分襟 盧同詩羅襟掩面啼向天 何況怨懷長結重
見無期 江淹怨此懷抱傷此秋期 徐幹雜詩沉吟結愁憂 想寄恨書
中銀鉤空滿斷腸聲裏玉筋還垂 李義山詩 寄恨一人
素晋索靖草書婉若銀鉤白氏六 帖魏甄后面白淚双垂如玉筯 多少暗愁
窗意惟有天知 大曲琵琶行詞別有暗 愁深意天知出楊齋傳

華胥引 秋思

黃鍾

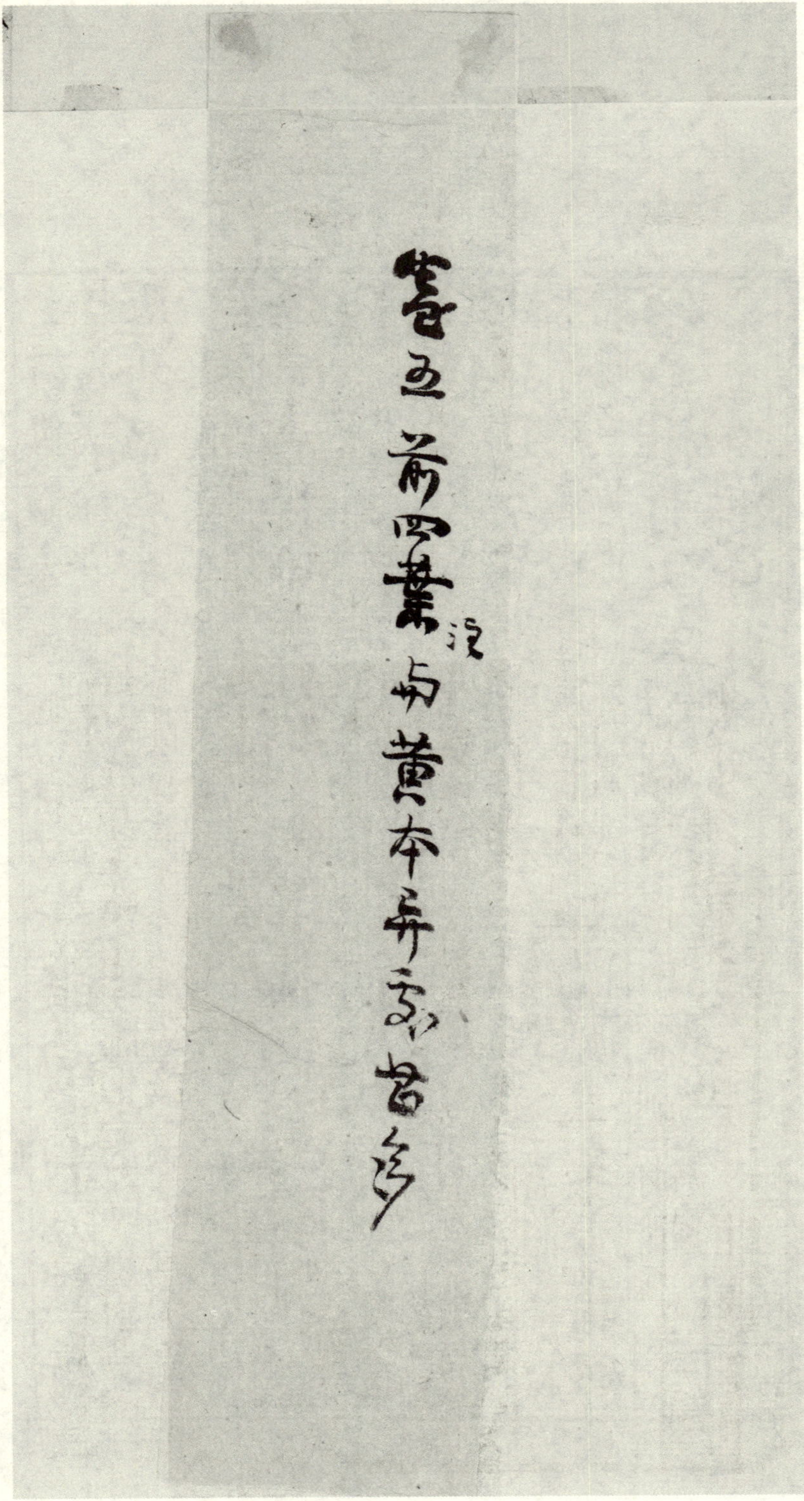
卷五 前四葉 没 与黄本

主詞曲欄朱箔惆悵卷也金泥金泥銷金也砧杵韻高喚回殘夢綺

羅香減牽起餘悲謝惠連詩櫚高砧响發楹長杵声哀古詩喚回午夢一黃鸝秦少游詩蓬門未識綺羅香杜詩惆悵有餘悲

亭皐分襟地難拚處偏是掩面牽衣子虛賦亭皐千里李義山詩愁極惜分襟盧同詩濕羅襟掩面啼向天何况怨懷長結重

見無期江淹怨此懷抱傷此秋期徐幹雜詩沉吟結愁憂想寄恨書

中銀鉤空滿斷腸聲裏玉筋還垂李義山詩寄恨一人素晉索靖草書婉若銀鉤白氏六帖魏甄后面白淚双垂如玉筋多少暗愁

密意惟有天知大曲琵琶行詞別有暗愁深意天知出揚齊傳

華胥引 秋思 黃鍾

列子黄帝晝寢夢游華胥氏之国

川原澄映煙月冥濛去舟如葉 韓詩川原共澄映雲日還浮飄拔詩孤艸落日相冥濛梁元帝詩去舟如落葉

岸廷沙平蒲根水冷留鴈嘆 杜詩忽雨梢溪足花間詞岸遠沙平李義山詩戰蒲知鴈嘆

別有孤角吟秋對曉風嗚軋 杜牧詩嗚軋江樓角一声微陽瀲瀲落寒〻汀

紅日三竿醉頭扶起還怯 杜牧詩醉頭扶不起三丈日還高南齊天文志日出三竿朱色青暈又見蒲路花注

離思相縈漸看〻鬢絲堪鑷 牧之詩离思卞萦盈義山詩莟鑷鬢中絲

舞衫〻歌扇何人輕怜細閱 劉彦珠詩弄衫扇細縠歌翦扇團紗

點檢從前恩愛但鳳牋盈篋 任昉詩詠盈盈篋筒

步非煙傳為臨淮武公愛妾趙象取薛清歲題絶句以贈非蛮寫金鳳戲以荅愁剪
燈花夜來和淚双疊鄭谷詩笑剪灯花李益詈

宴清都 中吕

沈約遊仙詩戲上閶闔宮夜宴清都闕

地僻無鍾鼓殘燈滅夜長人倦難度杜詩幽棲地僻
經過少樂天詩歌一殘灯背壁影蕭蕭暗雨打窗聲晏叔原詞甚夜長誰度寒吹
斷梗風翻暗雪洒窗塡戶李賀詩弃去如斷梗賓鴻謾
說傳書筭過盡千儔萬侶漢使者調单于言天子射上林得雁
足有繫帛書言蘇武在某澤中日令鴻雁來賓始信得庾信愁多江
淹恨極須賦南史庾信愁賦閉戶欲推愁愁終不肯去深藏欲避愁愁已知

人處江淹恨賦自古皆有死莫不飲恨而吞聲

凄涼病損文園徽絃下排音韻沈苦事見歸詵游注

淮山夜月金城暮草夢䰟飛去杜牧詩煙籠寒水月籠沙夜泊秦淮近酒家建康實録金城吳時所築晉桓溫少年種柳處此皆言其舊遊之地

秋霜半入清鏡嘆帶眼都移舊處李白秋霜入曉鏡沈約陳情書云老病數旬華帶常應移孔王荆公詩平昔離愁寬帶眼更又長不見

文君歸時認否注見上音韻沈苦句下

四園竹官本作西園竹 小石

浮雲護月未放滿朱扉杜詩明月生長好浮雲薄漸遮鼠搖

暗壁螢度破牕偷入書幃梅堯臣詩秦二[illegible][illegible]詩夜

深秋讀書齋秋意濃閑竚立庭柯影裏好風襟袖
先知詩竚立以泣歸去來辭眄庭柯以怡顏杜牧之秋思詩好風襟袖知
夜何其江南路繞重山心知謾與前期詩夜如何
其古樂府山上更安山楊憑詩行人歸路繞梁山古詩分手易前期奈向灯前
墮淚腸斷蕭娘舊日書辭猶在紙晉有墮淚碑唐人詩
風流才子多春思腸斷蕭娘一紙書鴈信絶清宵夢又稀字義山詩
朔鴈傳書絶花間詞憶君和夢稀

齊天樂 秋思

盡取与天齊壽之義
緑蕪凋盡臺城路殊鄉又逢秋晚晉明帝咸和年開新

人死江淹恨賦自古皆有死莫不飲恨而吞聲
凄凉病損文園徵絃下排音韻先苦事見歸花間注
淮山夜月金城暮草夢魂飛去杜牧詩煙籠寒水月籠沙
夜泊秦淮近酒家建康實錄金城吳時所築晉桓溫少年種柳處此皆言其旧遊之地
秋霜半入清鏡嘆帶眼都移舊處李白秋信入曉鏡沈
約陳情書云老病數旬革帶常應移孔王荊公詩平昔離愁寬帶眼更久長不見
文君歸時認否注見上音韻沈苦句下
四園竹官本作西園竹 **小石**
浮雲護月未放滿朱扉杜詩明月生長好浮雲薄漸遮鼠搖
暗壁螢度破牕偷入書幃梅堯臣詩素二

卷五三下一行處　庭誤

宫城署曰建康宫即今所謂臺城也暮雨生寒鳴蛩勸織深閨

時聞裁剪杜詩傳二生餘寒蝪雄方言蛩鳴州謂之促織其聲緪緪相連勸〻

機織韓偓詩分明牕下聞裁剪雲牕靜掩嘆重拂羅裀頓疎

花簟韓詩雲牕霧閣事恍惚花間詞頭寂寞綺羅裀李賀詩近獻舞後簿剩知花簟寒

尚有練囊露螢清夜照書卷韓詩露螢不自暖

荊江留滯最久故人相望歎離思何限史記太史

公留滯周南白樂天詩春愁秋思知何限張賁詩不用荊江數流滯渭水西風

長安乱葉空憶詩情宛轉賈島詩秋風吹渭水落葉滿長安後

人傳爲呂洞賓詩唐詩兩情宛轉如縈素凭高眺遠正玉液新篘

蠏螯初薦異兒向望遠則山川悠邈則芳識謝賜酒啓瓶瀉椒芳壺閒玉液桂

海詩新酒作篘蟹畢卓曰得酒滿數百斛船四時美味置兩頭右手持酒盃左手持蟹螯拍浮酒船中便足了一生矣醉倒山翁但愁斜照斂晉山簡每置酒輒醉兒童歌曰山公出何許往至高陽池日夕倒載歸酩酊無所知

木欄花 暮秋餞別 高平

郊原雨過金英秀風拂霜威寒入袖陳叔達詩霜間開紫蘂帶露下發金英庾肩吾詩霜威正折綿感君一曲斷腸歌勸我十分和淚酒樂天詩一曲四絃并八疊從頭揔是斷腸聲古道塵清榆柳瘦繫馬郵亭人散後隋煬帝汴堤纏榆柳韋莊詩江亭繫馬綠楊斜今宵灯盡酒醒時可惜朱顏成皓首柳詞今宵酒醒何處李白詩朱顏凋落盡

霜葉飛 大石

杜甫詩清霜洞庭葉故欲別時飛

露迷衰草跡星挂涼蟾低下林表素娥青女（李商隱詩青女素娥俱耐冷月中霜裏鬭嬋娟）鬭嬋娟正倍添悽悄漸颯颯丹楓撼曉（謝玄暉詩曉霜楓葉丹）橫天雲浪魚鱗小（呂氏春秋云山雲草莽水雲魚鱗旱雲煙火雨雲水波）似故人相看又透入清暉半餉特地留照（顏延年云清暉在天容光必照一沈警感異記將別女郎曰姮娥妬人不肯留照織女无賴已復斜河又半餉言半斂之久也）迢遞望極關山波穿千里度日如歲難到（江淹）

恨賦云関山无極毛詩云一日不見如三秋兮鳳樓今夜聽秋風柰
五更愁抱嶲真録曰鄴城五層樓安金鳳凰二頭其上白氏六帖云吟秋風於
靜室想玉匣哀絃閉了孟東野云玉匣五絃在請君暫一彈無心
重理相思調杜甫詩哀絃繞白雪閻毅詞云琵琶撥尽相思調見皓
月牽離恨屛掩孤嚬淚流多少李嶠詩思婦屛嚬掩

蕙蘭芳引 仙呂

劉禹錫詩窮巷秋風起先驚蕙蘭芳
寒瑩晚空點清鏡斷霞孤鶩湛方生云青天瑩如鏡王勃亭
云落霞与孤鶩齊飛對客館深扃霜草未衰更綠吳融詩
[illegible]城郎猶倚謝玄暉詩春草秋更綠倦遊厭旅史記司馬長卿故倦遊但

卷五

五上六行

五下五行

似心但誤

鶴心筆誤

恨賦云關山无極夫詩云一日不見如三秋兮鳳樓今夜聽秋風柰
五更愁抱幽冥錄曰鄴城五層樓安金鳳凰二頭其上白氏六帖云听秋風於
靜室想玉匣哀絃閉了孟東野云玉匣五絃在請君時一鳴無心
重理相思調杜甫詩哀絃繞白雪閨穀詞云琵琶撥盡相思調見皓
月牽離恨屏掩孤嚬淚流多少李嶠詩思婦屏輝掩

蕙蘭芳引　仙呂

劉禹錫詩窮巷秋風起先催蕙蘭芳
寒瑩晚空點清鏡斷霞孤鶩湛方生云青天瑩如鏡王勃亭
云落霞与孤鶩齊飛對客館深宿霜草未衰更綠吳融詠柳
云如柳郎猶尚謝玄暉詩春草秋更綠倦遊厭旅史記司馬長卿故倦遊但

夢遶阿嬌金屋漢武故事曰若得阿嬌當作金屋貯之想故人別後盡日空凝風竹李益詩開簾風動竹疑是故人來塞北氍毹風俗通云織毛褥謂之氍毹李賀詩醉臥氍毹滿堂月江南圖障是處溫燠更花管雲牋猶寫寄情舊曲音塵迢遞但勞遠目謝莊月賦美人邁兮音塵闊言語音風塵之遠也韓愈詩遠目增雙明今夜長爭奈枕單人獨魏文帝云漫漫秋夜長

塞垣春　大石

後漢鮮卑傳云漢起塞垣所以別內外異殊俗也塞垣謂邊塞之長地也

暮色分平野 杜詩云星垂平野闊 傍葦岸征帆卸煙村極浦 杜甫詩樽罍臨極浦 樹藏孤館秋景如畫漸别離氣味難禁也更物象供瀟洒 物象萬物形象也杜甫詩秋色正蕭洒 念多材渾衰減一懷幽恨難寫 書金縢云周公曰多材多藝

追念綺窻人天然自風韻嫻雅 吳均詩日落登雍臺佳人殊未來綺窻蓮花掩洞户瑠璃開麗倩集蓮花娥亭富餘艷色風韻嫻雅後漢馬援傳注曰嫻雅尤沈靜也 竟夕起相思謾嗟怨遥夜又還將兩袖珠淚沉吟向寂寥寒燈下 何上公曰寂者無音聲寥者空无形 玉骨爲多感瘦來無一把 東坡云司馬公子見王安

讚容曰此兒神如秋水而清徹骨如皓玉而美秀一把豁云上一掬也李百藥詩一掬掌中腰

丁香結 商調

蒼蘚沿堦古松詩蒼蘚淨沿翻石上冷螢粘屋庭樹望秋先隕晉顧悅曰蒲柳之質望秋先零漸雨淒風迅澹暮色倍覺園林清潤詩云風雨淒淒杜詩云回塘澹暮色漢姬紈扇在重吟翫棄擲未忍班姬紈扇詩新製齊紈素裁成合歡扇常恐秋節至棄捐箱篋中登山臨水此恨自古銷磨不盡宋玉九辯登山臨水兮送將歸黃損詩一別人間歲月多歸來人事已銷磨

古詩云芳草牽愁遠丁香結恨深

牽引記試酒歸時映月同看鴈陣王勃序云鴈陣驚寒寶幄香纓李白詩瓊筵寶幄連枝錦劉馮事始曰古者婦始見舅姑持香纓以拜五色采爲之薰爐象尺溫庭筠織錦詞象尺熏爐未覺秋夜寒燈暈韓愈云夢覺燈生暈誰念留滯故國舊事勞方寸蜀志徐庶云今老母方寸之地亂矣唯丹青相伴那更塵昏蠹損

詳註周美成詞片玉集卷之五

卷五

七上九行 根上脫字

七下五行注 毋上脫老字

牽引記試酒歸時映月同看鴈陣王勃序云鴈陣驚寒

寶幄香纓李白詩瓊筵寶幄連枝錦劉馮事始曰古者婦始見舅姑持香纓以拜五色采爲之薰爐象尺溫庭筠織錦詞象尺熏爐未覺秋夜寒燈暈韓愈云夢覺燈生暈誰念留滯故國舊事勞方寸蜀志徐庶云今老母方寸之地亂矣唯丹青相伴那更塵昏蠹損

詳註周美成詞片玉集卷之五

詳註周美成詞片玉集卷之六

秋景

氐州第一　商調

波落寒汀村渡向晚遥看數點帆小亂葉飜鴉驚風破鴈（東坡云用攔飜鶴伴水宿　杜甫詩云驚風吹鴻鵠）天角孤雲縹緲（東坡云煙雲縹緲　縹緲鬱孤臺）官柳蕭踈甚尚掛微微殘照景物關情川途換目頻來催老漸解狂朋歡意少奈猶被思牽情繞坐上琴心（史記司馬相如往卓王孫家一坐盡傾　時王孫女文君新寡相如以琴心挑之）機中錦字（昔竇滔妻蘇氏然蜀文符堅時滔半　徙流沙蘇氏以回文七言詩織錦上）

以寄滔詩甚清婉又李白詩機中織錦秦川女覺最縈懷抱也知人

懸望久薔薇謝歸來一笑西息岳詩云薔薇花謝秋風起欲

夢高唐未成眠霜空又曉文選楚襄王与宋玉遊高唐觀有雲氣王問玉曰此何氣也玉對曰所謂朝雲也昔者先王嘗遊高唐怠而晝寢夢一婦人曰妾巫山之女也願薦枕席王因幸之楽天歌曰秋蛩挑盡不成眠耿耿銀河欲曙天

解蹀躞 商調

古詩曰白馬黃金轂蹀躞柳城前蹀躞緩行貌

候館丹楓吹盡韓詩府州三百里候館同魚鱗乃驛舍之館也面旋

隨風舞映詞面旋落英飛玉蕊夜寒霜月飛來伴孤旅

還是獨擁秋衾夢餘酒困都醒滿懷離苦

詳註周美成詞片玉集卷之六

秋景

氐州第一 商調

波落寒汀村渡向晚遥看數點帆小亂葉翻鴉驚風破鴈東坡云翩翻鶴伴水宿杜甫詩云驚風吹鴻鵠天角孤雲縹緲東坡云煙雲縹緲鬱孤臺官柳蕭踈甚尚掛微微殘照景物關情川途換目頻來催老漸解狂朋歡意少奈猶被思牽情繞座上琴心史記司馬相如往卓王孫家一座盡傾時王孫女文君新寡相如以琴心挑之機中錦字晉竇滔妻蘇氏善屬文符堅時滔坐徙流沙蘇[illegible][illegible]回文七言詩織錦上

卷六 一下三行 又此句

甚情緒深念凌波微步子建洛神賦河洛之神名曰宓妃躰迅飛鳧飄忽若神凌波微步羅襪生塵幽房暗相遇淚珠都作秋宵枕前雨此恨音驛難通待憑征鴈歸時帶將愁去

少年遊 商調

并刀如水杜詩焉得并刀快剪水吳鹽勝雪李白詩玉盤楊梅爲君設吳鹽如花皎如雪纖手破新橙古詩云纖纖出素手錦幄初溫幄帷帳之類山谷詩十年燈錦幄長安巧工丁緩作博山香爐爲奇禽怪獸煙自獸口出獸煙不斷注見上句相對坐調笙王建宮詞云云跪香火底坐吹笙

低聲問向誰行宿城上已三更馬滑霜濃杜詩一云只愁翻馬滑又霜濃木石滑不如休去直是少人行

慶春宮 越調

雲接平岡山圍寒野路回漸轉孤城衰柳啼鴉驚風驅鴈杜詩天風吹斷柳啼殺後棲鴉山谷詩驚風鴻鴈不成行動人一片秋聲蕭瑟一云山樹動秋聲倦途休駕淡煙裏微茫見星塵埃憔悴生怕黃昏離思牽縈華堂舊日逢迎花艷參差香霧飄零韓愈詩花艷大堤娼杜詩一云香霧雲鬟濕絃管當頭偏憐嬌鳳夜深簧暖笙清眼波傳意恨密約怱怱未成韓偓云眼波向我無

端𨋢許多煩惱只爲當時一餉留情毛女詩云一餉雲遊泉石間

醉桃源 大石

冬衣初染遠山青雙絲雲雁綾染天縹綾篇織爲雲外秋雁行染作江南春水色夜寒袖濕欲成冰都緣珠淚零天寶遺事楊妃初入宮與父母別淚落凍成紅冰

情黯黯悶騰騰身如秋後蠅杜甫詩艶乃若秋後轉多蠅若教隨馬逐郎行不辭多少程

第二

葛蒲葉老水平沙臨流蘇小家李白詩菖蒲猶短出平沙李

賀詩錢塘蘇小小畫欄曲徑宛秋蛇晉王獻之字字若綰秋蛇此畫欄徑西曲宛若秋蛇金英垂露華陳叔達詩一云露下發金英

燒蜜炬李賀詩一云蜜炬千枝爛引蓮娃酒香薰臉霞風俗通曰南楚以美色爲娃再來重約日西斜倚門聽暮鵶古詩寒鴉飛去日銜山

點絳唇 仙呂

孤館迢迢暮天草露霑衣潤王仲宣一云下舡登高陟草露霑我衣夜來秋近月暈通風信類說一云月暈而風今日源頭黃葉飛成陣杜甫詩村村蹤黃葉落知人悶故來相趁共結臨岐恨杜詩不作臨岐恨

夜遊宮 般涉

或曰唐明皇与虢国夫人正月十五夜遊宮中觀灯

葉下斜陽照水捲輕浪沉沉千里九歌云洞庭波兮木葉下橋上酸風射眸子李賀詩魏官牽車指千里東關酸風射眸子立多時看黃昏燈火市

古屋寒窗底只八融詠號獻卧幽幽於古屋聽幾片井桐飛墜魏文帝云床桐生空井不戀單衾再三起有誰知為蕭娘書一紙由見崩

第二

客去車塵未斂古簾暗雨苔千點李賀云南雨古簾暗

月皎風清在處見，柰今宵照初弦吹一箭嚬曲
南初弦月彩新
泄曲河聲轉李賀詩天河夜轉漂回星杜甫詩河漢声西流念歸計
眼迷魂亂明日前村更荒遠且開罇任紅鱗
生酒面石孝詩鸚鵡盃中未覓貧寒生酒面不生鱗

訴衷情 商調

堤前亭午未融霜風緊鴈無行杜甫詩風急鴈無行重
尋舊日岐路茸帽北遊裝宋書沈慶之好着狐皮帽
期信杳別離長遠情傷風翻酒幔寒凝茶煙
又是何鄉天双歌云紅簾如水隔神仙月晴露冷滿茶煙茶煙未滅簾中語一

卷六　四上十り注　南宮兩　再校

月皎風清在處見柰今宵照初弦吹一簫前曲嗔

南初弦月彩新

泄曲河聲轉李賀詩天河夜轉漂回星杜甫詩河漢声西流念歸計

眼迷魂亂明日前村更荒遠且開鐏任紅鱗

生酒面石丞詩鸚鵡盃中未覓貧寒生酒面不生鱗

訴衷情 商調

堤前亭午未融霜風緊鴈無行杜甫詩風急鴈無行重

尋舊日岐路葺帽北遊裝宋書沈慶之好着狐皮帽

期信杳別離長遠情傷風飛酒幔寒凝茶煙

又是何鄉天双歌云紅簾如水隔神仙月倩露冷滿茶煙茶煙未減簾中語一

寸深心暗与傳

傷情怨　林鍾

枝頭風勢漸小看暮鴉飛了又是黃昏閉門收返照杜詩云返照入江翻石壁絕塞愁時早閉門江南人去路縱信未通愁已先到怕見孤燈霜寒催睡早

冬景

紅林檎近　雙調

高柳春纔軟凍梅寒更香暮雪助清峭孟東野詩人多清峭玉塵散林塘何遜詩雪言非下塵那堪飄風遞冷

故遣慶幕穿窻似欲料理新粧李白昇平調詞可憐飛燕倚新粧呵手弄絲簧唐宮女詩云金刀呵手裁

冷落詞賦客蕭索水雲鄉寄寛詩公園正在水雲鄉謝惠連雪賦梁王遊於兎園召鄒生延枚皐相如授簡於司馬曰抽子祕思為賦之援毫授簡注見上文風流猶憶東梁望虛簷徐轉迴廊未掃夜長莫惜空酒觴

第二

風雪驚初霽晉王子猷居山陰夜雪初霽謝靈運詩幸及風雪霽水鄉增暮寒樹杪墮飛羽簷牙掛琅玕韓愈雪詩定非燖鵠鷺墮毛羽也真是屑瓊瑰琅玕當得此餘意繞喜門堆巷積可惜

寸深心暗与傳

傷情怨 林鍾

枝頭風勢漸小看暮鴉飛了又是黃昏閉門收返照杜詩云返照入江翻石壁絕塞愁時早閉門江南人去路緲信未通愁已先到怕見孤燈霜寒催睡早

冬景

紅林檎近 雙調

高柳春纔軟凍梅寒更香暮雪助清峭王東野詩人多清峭玉塵散林塘何遜詩𥸡言非下塵那堪飄風遞冷

卷六　五下　四行注　殽然字為誤倒

又　廿　内堆　誤作堆内

迤邐銷殘漸看低竹翻翻清泚漲微瀾姚詩云績再生微瀾

步屧晴正好杜甫詩花殘步屧遲謝靈運有登山屐宴席曉方歡梅花耐冷亭亭來入冰盤對山前橫素愁雲變色放盃同覓高處看謝靈運雪賦寒風積愁雲繁劉禹錫雪詩闌時既馬望高処捲簾看

滿路花仙呂

金花落燼燈韓愈詩囊裏排金粟靜燈微落燼粟花也山谷詩[illegible]煤也銀鑠鳴窻雪夜深微漏斷行人絕風窣不定竹團琅玕折杜詩風窣捲不定杜荀鶴詩岩谷雖聞折竹声蘇子由詩云綠竹琅

拜色玉人新閒闊（晉裴楷容儀俊爽時謂之玉人西漢閒者闊焉久不聞問）着甚情悰（蘇子美詩云翠香脫落加情悰）更當恁地時節

無言欹枕（陳薦龜子樓詩云風情玉葦閑欹枕）帳底流清血（韓子卞和抱玉泣於楚山下淚盡繼之以血也）愁如春後絮來相接（杜牧詩楚岸柳何窮別愁紛若絮）知他那裏爭信人心切除共天公說不成也還似伊無箇分別

詳註周美成詞片玉集卷之六

詳註周美成詞片玉集卷之七

單題

解語花 高平 元宵

開元天寶遺事云帝与妃共賞太液池千葉蓮指妃謂左右曰何如此解語花

風銷焰蠟 杜詩云花催蠟炬銷 露浥烘爐花市光相射桂華流瓦纖雲散耿耿素娥欲下 張正見詩耿耿長河曙濫濫宿雲浮月下嫦娥落風驚織女秋 衣裳淡雅看楚女纖腰一把 杜詩云楚女腰肢亦可憐 簫鼓喧人影參差滿路飄香麝 劉遵詩腕動飄香麝

因念都城放夜新記曰京城街衢有金吾曉暝傳呼以禁夜行惟正月十五夜勅許金吾弛禁前後各一日謂之放夜望千門如畫杜工部詩畫馬望千門易斎云旧本作千門如畫者誤也雖有妙手安能畫其明哪嬉笑遊冶鈿車羅帕鈿車注見前麗情集云賈生遇雲容夫人杜蘭若臨别贈賈秋雲羅帕一云此玉蚕蚕織成相逢處自有暗塵隨馬蘇味道詩暗塵隨馬去年光是也惟只見舊情衰謝清漏移飛蓋歸來從舞休歌罷曹子建一云清夜遊西園飛蓋相追隨

六么令 仙呂 重九

快風收雨亭館清殘燠池光靜橫秋影岸柳如新沐闌道宜城酒美昨日新醅熟宜城見舊天芙人

卷七　一上十九　辭下無注

首下三行注　易齋下廿餘字一本無

因念都城放夜新記曰京城街衢有金吾曉暝傳呼以禁夜行惟正月十五夜勑許金吾弛禁前後各一日謂之放夜望千門如畫杜工部詩蜀馬望千門易齋云旧本作千門如畫者誤也雖有妙手安能畫其明耶嬉笑遊冶鈿車羅帕鈿車注見前麗情集云賈生遇雲容夫人杜蘭若臨別贈賈秋雲羅帕云此玉蠶絲織成相逢處自有暗塵隨馬蘇味道詩暗塵隨馬去年光是也惟只見舊情衰謝清漏移飛蓋歸來從舞休歌罷曹子建一云清夜遊西園飛蓋相追隨

六么令　仙呂　重九

快風收雨亭館清殘燠池光靜橫秋影岸柳如新沐闌道宜城酒美昨日新醅熟宜城見雲英人

注輕鑣相逐，衝泥策馬，來折東籬半開菊。陶潛把菊東籬下

華堂花艷對列，一一鶯郎目。杜牧之為御史分司，李司徒閑居洛，一日開筵，杜引三爵吟曰：華堂今日綺筵開，誰喚分司御史來？忽發狂吟驚滿座，兩行紅粉一時回。梁武帝襄陽歌：大堤諸女兒，花艷驚郎目。歌韻巧共泉聲，間雜琮琤玉。韓愈云：泉聲玉琮琤。惆悵周郎已老，莫唱當時曲。吳志云：周瑜曉音樂，時人語曰：曲有誤，周郎顧。幽歡難卜，杜詩云：幽歡卜夜闌。明年誰健，更把茱萸再三囑。杜詩云：明年此會知誰健，醉把茱萸子細看。

倒犯 仙呂調 新月

霽景對霜蟾乍昇素煙如掃【杜詩云朝來霽景鮮】千林
夜縞徘徊處漸移深窈【李商隱月詩影占徘徊處】何人正
弄孤影蹁躚【揮犀集東坡對句舞袖蹁躚影搖千尺龍蛇動】西窗悄
冒霜冷貂裘【後漢東平王蒼來朝帝以蒼冒涉霜露賜之貂裘】玉斝
邀雲表【西漢武帝作銅柱仙人掌擎玉杯以承雲表之露即斝也】共寒光
飲清醥【蜀都賦置酒高堂觴以清醥】
淮左舊遊記送行人歸來山路驀驪馬望素魄
印遙碧金樞小【呂延濟注曰大明月也金樞月之沒處月有窟故云穴也言驪馬立望素月之魄遠照西方金樞之穴將沒也】愛秀色初娟好【隋煬帝云秀色若可飡】念漂浮緜緜思遠道【蔡邕樂府云青青河堤草】

驛〻思遙道料異日宵征詩云肅肅宵征必定還相照來

何人自衰老漢武帝秋風辭曰少壯幾時柰老何

大酺越調

春雨

西漢文帝令天下大酺

對宿煙收劉賓客詩丗清宿煙收春禽靜飛雨時鳴高

屋柳師道詩花裏弄春禽杜詩云飛雨動華屋牆頭青玉旆洗鉛

霜都盡嫩梢相觸潤逼琴絲寒侵枕障蟲網

吹粘簾竹王充論衡云天且雨琴絃緩沈約詩網蟲垂戶織郵亭無

人處聽簷聲不斷困眠初熟奈愁極頻驚夢

輕難記自怜幽獨杜詩云衰年催幽獨

行人歸意速，最先念流潦妨車轂荀子云消渦潦水不壅不塞轂亂碎乃大其輻。怎奈向蘭成憔悴後周庾信小字蘭成常有鄉關之思遂作哀江南賦又作愁賦憔悴此也，衛玠清羸晉衛玠先有羸疾卒時年二十七人謂看殺衛玠權德詩云衛玠清羸欲不任，等閑時易傷。

心目未在平陽客，雙淚落笛中哀曲平陽客馬融也自叙曰融性好音能鼓琴吹笛為督郵獨卧平陽鄔鳥中有洛客舍逆旅吹笛相和融去京師踰年暫聞甚悲乃作笛賦。況蕭索青蕪國溫庭筠詩花蔓忽作青蕪国，紅糝鋪地，門外荊桃如菽韓愈云桃核綴紅糝。夜遊共誰秉燭古詩云晝短苦夜長何不秉燭遊。

玉燭新 雙調

小雅云四詩調和謂之玉燭

溪源新臘後見數朵江梅剪裁初就暈酥砌玉芳英嫩故把春心輕漏崔珏詩人心亦似春心逸前村昨夜想弄月黃昏時候齊己詩前村深雪裏昨夜一枝開林逋詩暗香浮動月黃昏孤岸峭疎影橫斜濃香暗沾襟袖林逋詩疎影橫斜水清淺暗香注見上句尊前賦與多材問嶺外風光故人知否白氏六帖云大庾嶺上有梅花壽陽謾鬬宋武帝女壽陽公主人日臥於含章簷下梅花落其額上成五出之花拂之不去經三日洗之乃落宮女奇之競效爲梅粧終不似照水一枝清瘦參寥梅花詩數枝清艷出疎籬風嬌雨秀

李賀詩屠嬌小樂李嬌眉好亂揷繁花盈首杜詩云安得健步移遠梅乱掃繁花向晴昊須信道羌管無情看看又奏李賀詩并笛奏落梅蓋古樂府有梅花之曲

花犯 小石

梅花

粉牆低梅花照眼依然舊風味杜詩云花枝照眼句還成林逋詩堪笑胡雛亦風味解將別調角中吹露痕輕綴疑淨洗鉛華無限佳麗王介甫梅詩不御鉛華知國色梁簡文美女篇佳麗尽關情去年勝賞曾孤倚氷盤同宴喜韓愈詩氷盤夏薦碧實脆更可惜雪中高樹香篝熏素被杜詩云雪樹元同色應恐注漢官儀曰尚書每入直臺中女侍二人執香爐燒熏以從使護衣服篝籠落也可熏衣用

梅花如舊
雪如被

今年對花最怱怱，相逢似有恨，依依愁悴。吟望久，青苔上，旋看飛墜。相將見，脆丸薦酒，東坡詩：不趁青梅嘗煑酒。人正在、空江煙浪裏。但夢想，一枝瀟洒，黃昏斜照水。林逋詩，見上注。

醜奴兒 大石 梅花

肌膚綽約真仙子，莊子：藐姑射山有神人居焉，肌膚若冰雪，綽約若處子。來伴冰霜。洗盡鉛黃。素面初無一點粧。楊妃外傳云：虢國夫人不施粧粉，自有美豔。

尋花不用持銀燭，暗裏聞香。零落池塘。分付

餘妍與壽陽 壽陽即林逋詩此見上所賦用事

水龍吟 越調 梨花 李賀詩雌龍愁吟寒水光

素肌應怯餘寒 和靖霜深應怯夜來寒杜詩偷眼艷陽天又楚履步青蕪 艷陽占立青蕪地 樊川照日 辛氏三秦記曰漢武帝圍一名樊川有梨 靈關遮路 謝朓梨詩云味出靈關之陰注曰靈關山名遮路多也 殘紅斂避 傳火樓臺 妒花風雨 僧祖可詩未溪風雨勒梨花杜詩一夜春寒細雨出時鬪風如紅花却倒吹 長門深閉 亞簾櫳半濕 一枝在手 偏勾引黃昏淚 樂天詩閑折兩枝特在手花間詞偏能勾引淚闌干

巻七

五上三行

五下十行注

丸 作園

樂天詩云棃花寒食心又云棃花

一枝春帯雨

餘姸與壽陽壽陽注見上曉粧即林逋詩所用耳

水龍吟越調

李賀詩離離越吟寒水光

素肌應怯餘寒，豔陽占立青蕪地。和靖霜深應怯夜來寒杜詩偸眼豔陽天又楚履步青蕪樊川照日，辛氏三秦記曰漢武帝園一名樊川有梨靈關遮路，謝朓梨詩云味出靈關之陰注曰靈關山名遮路多也殘紅斂避，傳火樓臺，妬花風雨。僧祖可詩未溪風雨勒梨花杜詩一天春寒細雨出時節風如紅花却倒吹長門深閉，亞簾櫳半濕，一枝在手，偏勾引黃昏淚。梨天詩開折兩枝特在手花間詞偏能勾引簇欄干別有風前月底布繁英滿園歌吹樂天詩准听梨園歌吹發朱鉛退盡潘妃卻酒齊紀百姓歌云閱武堂種楊柳至尊屠肉潘妃沽酒昭君下起琴操昭君歌曰梨桒萋萋其葉黃有鳥處此集于苞桑雪浪翻空粉裳縞夜韓愈詩風揉雨練雪羞比波浪翻空杳无涘已介甫詩云李兮縞夜不成春意恨玉容不見瓊英謾樂天云玉容寂寞淚闌干談助云元有女名瓊英幼以香膏雜食好與何人比嘆之長而肌香因名香兒又見緗珠集

六醜 中呂 落花

音志云漢儀后親蠶桑著十二笄步搖衣青乘油盖雲母安車駕六

騑馬注曰

醜類

正單衣試酒恨客裏光陰虛擲劉賓客詩遙羨光陰不虛擲願春暫留春歸如過翼一去無跡杜甫詩村墟過翼稀為問花何在夜來風雨葬楚宮傾國西漢李延年歌曰北方有佳人絕世而獨立一笑傾人城再笑傾人國溫庭筠詩夜來風雨落幾花釵鈿墮處遺香澤杜詩云神女花鈿落香澤詫見前亂點桃蹊輕翻柳陌劉賓客詩桃蹊柳陌好經過多情為誰追惜但蜂媒蝶使時叩窗隔裴說詩遊蜂與胡蝶來往亦多情東園岑寂岑參遊池亭詩岑寂東園可散愁漸蒙籠暗碧文選云蒙蘢詩高林蓊籠蓋一丘靜遶珍叢底成嘆息長條故惹行客似牽衣待話別情無極盧仝詩此情終無極殘英

小強簪巾幘應璩詩酬酒巾幘落終不似一朵釵頭顫裊向人欹側漂流處莫趁潮汐陳充落花詩終尋流水送漂流王介甫高桑詩百年滄洲自潮汐恐斷鴻尚有相思字何由見得撫遺云烏衣国寄王榭詩來春燕有相思字三月天南無雁飛

虞美人 正宮

金閨平帖春雲暖江淹別賦金閨之諸彥注云金馬門也杜詩云雲暖麝香山晝漏花前短玉顏酒解艷紅銷李白玉顏艷紅綠雲鬢非素絲一面捧心啼困不成嬌莊子西施病心而矉其里之醜人見而美之歸亦捧心而矉里人見而走別來新翠迷行徑窗瑣玲瓏影砑綾小字夜

來封（王介甫詩小研紅綾闘詩句）斜倚曲欄凝睇數歸鴻（嵇康詩云目送歸鴻）

第二

廉纖小雨池塘遍細點看萍面（韓愈云廉纖小雨不能晴）一雙燕子守朱門（温岐卿詩一雙青瑣燕）比似尋常時候易黃昏

宜城酒泛浮香絮細作更闌語相將羈思亂如雲（謝景山詩野思到春亂如雲）又是一窗燈影兩愁人

詳註周美成詞片玉集卷之八

單題

蘭陵王 越調 柳

緋珠集北齊蘭陵長恭白皙而美風姿乃著假面對敵數立功齊人作舞傚之曰代面舞

柳陰直煙裏絲絲弄碧魏野柳詩絲絲能繫別離情隋堤上曾見幾番拂水飄綿送行色隋煬帝疏洛爲河抵江都宮道皆種柳朱延齡柳詩遥憐拂水輕杜詩云生憎柳絮白於綿莊子云不見車馬有行色登臨望故國馮衍賦云望秦晉之故國誰識京華倦客杜詩云旅食京華春長亭路年去歲來應折柔條過千

只魏文帝柳賦柔條婀娜而蛇紳文選詩云攀條折其榮將以爲所思此物何足措但感別經時

閑尋舊蹤跡又酒趁哀絃燈照離席杜詩云哀絃繞白雪韓愈日然油燈不照席反用尔梨花榆火催寒食樂天云手撚梨花寒食心周禮春官四時变国火清明取榆柳之火愁一箭風快半篙波暖歐陽詢詩急風吹緩箭弱水取強弓攻詩云此中半篙水回頭迢遞便數驛望人在天北梅堯臣詩里堠環數驛悽惻江淹別賦行子腸斷百感悽惻恨堆積漸別浦縈回王勃云窮島嶼之縈回水小口別通曰浦津堠岑寂斜陽冉冉春無極念月榭攜手詩云攜手同行露橋聞笛李白聞笛詩此夜曲中聞

沉思前事似夢裏淚暗滴白樂天詩前事思如昨

蝶戀花商調

愛日輕明新雪後左傳注曰冬日可愛柳眼星星漸欲穿窗牖杜甫詩柳絲開春眼南史何長瑜書青青不解久星星還復出不待長亭傾別酒許渾詩道遠書難寄長亭酒重持一枝已入騷人手韓翃詩云章臺柳章臺柳昔日青青今在否縱使長條似舊時也應攀折他人手

淺淺揉藍輕蠟透古詩云春水以揉藍過盡冰霜便與春爭秀強對青銅簪白首老來風味難依舊賈島詩匣有青銅鏡時將照鬢看

第二

桃萼新香梅落後（李君永詩小桃脫萼柳梢柔）暗葉藏鴉苒苒垂亭廡（李賀詩柳葉未藏鴉杜詩云苒苒柳枝碧）舞困低迷如着酒（梁元帝詩柳似舞腰也似鏡崔巖詩舞態低迷謠招拍）亂絲偏近遊人手（柳揮詩楊柳乱如絲）雨過朦朧斜日透客舍青青特地添明秀莫話揚鞭回別首渭城荒遠無交舊（王維贈行詩渭城朝雨浥輕塵客舍青青柳色新勸君且盡一盃酒西出陽關無故人）

第三

春蠶春蠶黃金初脫後（李白詩云桑色黃金嫩）曉日飛綿取

次粘窗牖不見長條低拂酒花蘂夫人詩早春楊柳引長條贈行應已輸先手僧窮幽柳詩千里攜想君一贈行幾回折盡復重生鷺衝金梭飛不透古詩鶯穿絲柳擲金梭小榭危樓處處添奇秀何日隋堤縈馬首路長人遠空思舊隋堤注見上

第四

小閣陰陰人寂後王維詩陰陰夏木囀黃鸝翠幕褰風燭影搖踈牖夜半霜寒初索酒杜詩一云指點銀瓶索酒嘗金刀正在柔荑手唐宮女玉燭製袍衣金刀呵手裁衣詩云手如柔荑緑薄粉輕光欲透小葉尖新未放雙眉秀鄭玄

憔秀眉明月韓愈詩細柳豔明眉記得長條垂鷁首紅珠集一云江東人呼舡頭爲鷁首或曰飛閣別離情味還依舊魏野柳詩綠一能繫別離情

西河 大石 金陵

唐大曆初有樂工自撰歌即古曲長命西河女岀加減節奏頗有新声

佳麗地謝玄暉詩金陵帝王洲江南佳麗地南朝盛事誰記山圍故國遶清江髻鬟對起怒濤寂寞打孤城風檣遙度天際謝玄暉天際識歸舟○斷崖樹猶倒倚莫愁艇子曾繫空遺舊跡鬱蒼蒼霧沉半壘夜深月過女牆來賞心東望淮水劉禹錫金陵詩山圍

次粘窻牖不見長條低拂酒花蘂夫人詩早春楊柳引長條

贈行應已輸先手僧皎然楊柳詩千里遥憑君一贈行幾回折盡復重生

鸚鵡金梭飛不透古詩鶯穿絲柳鸚鵡金梭小樹危樓

處添奇秀何日隋堤縈馬首路長人遠空思

舊隋堤注見上

第四

小閣陰陰人寂後王維詩陰陰夏日囀黄鸝翠幕褰風燭

影搖踈牖夜半霜寒初索酒杜詩云指點銀瓶索酒嘗金

刀正在柔荑手唐宫女玉燭製袍衣金刀呵手裁衣詩云手如柔荑

綵薄粉輕光欲透小葉尖新未放雙眉秀鄭玄

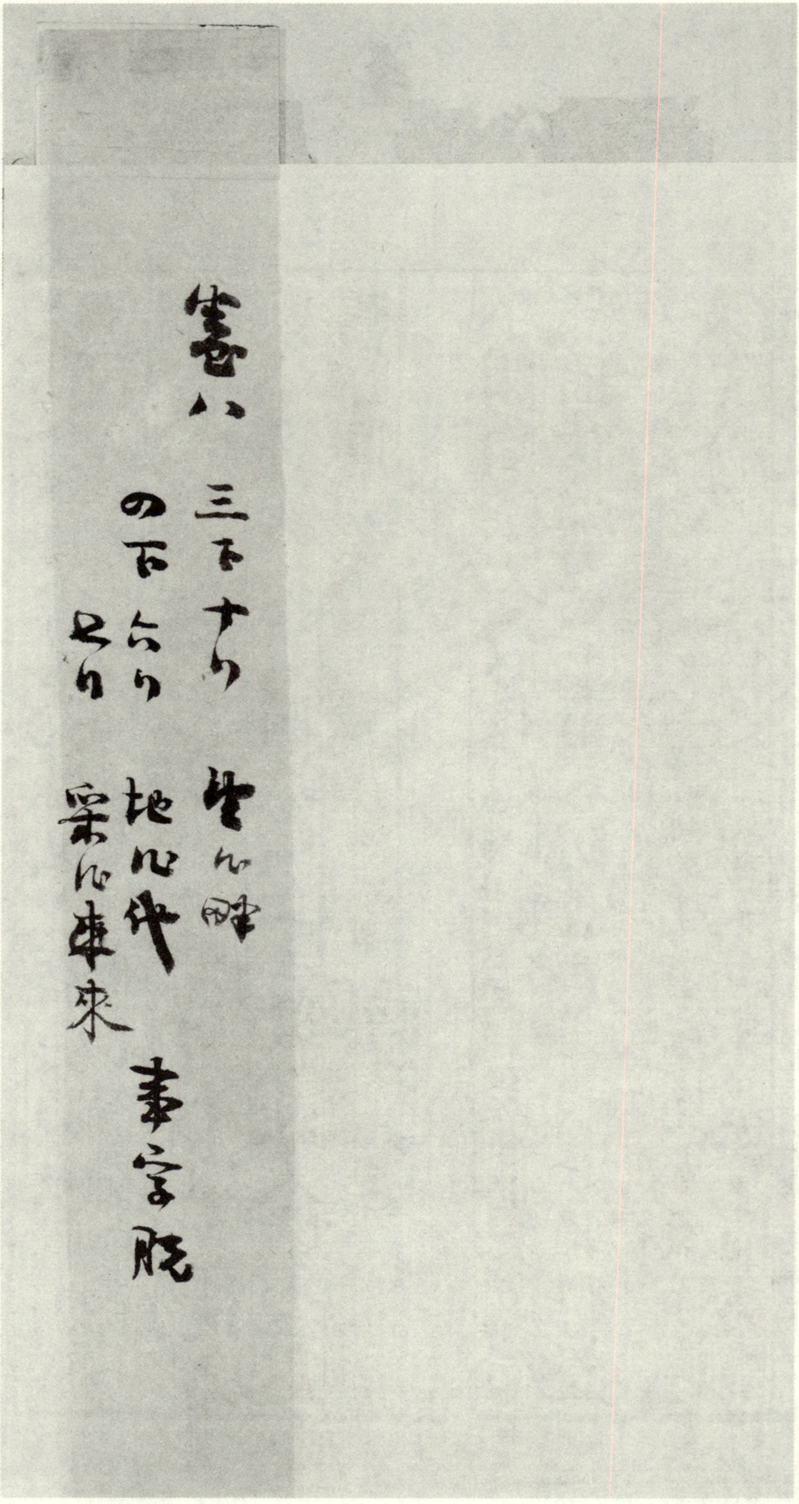

故国周遭在潮打孤城寂寞回淮水東边旧
時月夜深還過女牆來又其所詩莫愁在何
處住在石城西艇子折兩槳催送莫愁來韓
偓詩應是石城艇子來兩槳咿啞過花塢又
雍谷詩石城昔爲莫愁鄉莫愁魂散石城荒
帆去帆來風浩渺花開花謝春悲涼總意含
語云賞心亭丁晉公所作秦淮絕致蕭齊詩
云千里秦淮在玉壺曹子建詩天容何寥廓
又樹鬱蒼蒼建康實
錄云有白石壘樂壘
酒旗戲鼓甚處市歐陽永叔詩西風酒旗市想依稀王謝
鄰里燕子不知何世入尋常巷陌人家相對
如說興亡斜陽裏漁隱叢話云王謝是二姓即王導謝安之族所居名
烏衣巷有曰烏衣之聚不當作榭字是後人
附會入劉禹錫詩其詩曰朱雀橋邊野草花
烏衣巷口夕陽斜舊時王謝堂前燕飛入尋常
百姓家又乃引晉王榭航海遇風抵一所

見烏衣国王以女妻之後懶思歸取飛雲軒令榭入其中閉目少息至其家視之添上双燕呢喃後寄詩曰誤到華胥国裏來玉人終日獨於寸雲軿漂去无消息洒淚春風幾百回女答曰昔日相逢冥數合今時睽遠苦生離來年縱有相思字三月天南无鴈飛此小說盡無何可信也

歸去難 呂仙 期約

佳約人未知背地伊变惡會稱亭事看深淺如今信我委的論長遠好來無可怨（国語曰分均无怨）洎合教伊因些事後分散密意都休待說先腸斷此恨除非是天相念堅心更守未死終相見（陳鴻長恨歌傳玉妃取金釵一股鈿合一）

窮奉太上皇寄心如金堅如鈿上爲天人下爲世人重相見時歡合如舊多少閑

磨難到得其時知他做甚頭眼

三部樂 商調 梅雪

南史羊侃嘗宴賓客三百余人奏三部樂至夕侍婢俱執金花燭

浮玉霏瓊向邃館靜軒倍增清絶夜窗垂練

何用交光明月杜詩云紫窗素月垂文練近聞道官閣多

梅趁暗香未遠凍蘂初發杜詩云東閣官梅動詩興林逋詩暗香浮動月黃昏倩誰摘取寄贈情人桃葉晉王獻之有情人桃葉其妹曰桃根獻之作桃葉歌曰桃葉復桃葉桃葉連桃根

迴文近傳錦字竇滔妻織錦字迴文寄之道爲君瘦損是

人都說（杜詩云思君令人瘦）衹知染紅着手膠梳粘鬢

轉思量鎮長墮睫（李善注文選孟嘗君太息淚成睫）都只爲

情深意切欲報消息無一句堪愈愁結

菩薩蠻　正平

唐大中初女蛮国貢献其人皆危髻金冠瓔珞被躰故謂之菩薩蛮

銀河宛轉三千曲（銀河天河也出崑崙盖其色白也）浴鳧飛

鷺澄波緑（杜詩云浴鳧飛鷺晩悠悠）何處是歸舟夕陽江

上樓（謝玄暉詩天際識歸舟劉宮客詩江上樓高十二梯）

天憎梅浪發故下封枝雪（西京雜記太平之代雪不封條）深

院捲簾看應憐江上寒（韓偓詩側卧捲簾看）

品令 商調 梅花

夜闌人靜杜詩云夜闌接軟語月痕寄梅梢踈影林逋詩注見前簾外曲角欄干近舊携手處花發霧寒成陣沈約詩落花紛似霧應是不禁愁與恨東坡云孔聖年老失意不禁愁恨縱相逢難問黛眉曾把春衫印李白詩青黛蛾眉紅錦靴後期無定斷腸香消盡齊己詩此別應難問後期錢翊詩篋底香消尽別時衣

玉樓春 仙呂 惆悵

樂天詩云玉樓宴罷醉和春

玉琴虛下傷心淚杜詩云此書動玉琴李白詩瑤臺弄玉只有

文君知曲意（卧相如琴心挑文君之事）簾烘樓逈月宜人（杜詩云樓逈独移時又宜人獨桂林）酒煖香融春有味（李賀詩云人間酒煖春茫茫）

萋萋芳草迷千里惆悵王孫行未巳（文選名隱士云王孫遊兮不歸芳草生兮萋萋王孫兮歸來山中兮不可以久留）天涯回首一消魂（杜詩云回首可怜歌舞地江淹賦云黯然消魂）二十四橋歌舞地（杜牧寄揚州韓判官詩二十四橋明月夜玉人何処教吹簫）

黄鸝遶碧樹　双調　春情

雙闕籠嘉氣（吳都賦朱闕双立東漢鬱鬱怱怱真嘉氣也）寒威日晚歲華將暮（蕭子雲歲暮賦川躍女度歲華之暮）小院閑庭對

寒梅照雪淡煙凝素沈約詩云長煙引輕素忍當迅景動無限傷春情緒楚辭云目極千里兮傷春心春秋正義云牽其綱要若蠶之抽緒故曰情緒也猶賴是上苑風光漸好芳容將煦謝玄暉詩風光草際浮注曰風本无光草上有光風吹動之如風之有光纂要云日出溫曰昫也草莢蘭芽漸吐帝王世紀云唐堯之時草夾階而生每月朔生一莢月半則十五莢自十六日一莢落至月盡矣韓愈云蘭茁其芽且尋芳更休思慮逗浮世甚驅馳利祿奔競塵土晉書云悠悠風塵此焉奔競縱有魏珠照乘未買得流年住史記魏王曰寡人有徑寸之珠照車前後十二乘唐張[illegible]詩不如且歛酒莫管流年度爭如盛

飲流霞抱朴子曰項曼都入山十年歸家曰仙人但以流霞一升與我飲之輒不飢渴後人以爲酒名也醉偎瓊樹崔豹古今注魏宮人帝所愛者瓊樹薛夜來皆日夜在側薛昭遇美婦詩曰自疑飛到蓬山頂瓊樹三株半夜春

蒲路花仙呂 思情

簾烘淚雨乾毛詩云泣涕如雨酒壓愁城破庾信愁賦攻許愁城終不破蕩許愁門終不開氷壺防飲渴培殘火杜詩云瑩動玉壺氷朱消粉退絕勝新梳裹不是寒宵短日上三竿注見尚殢人猶要同卧如今多病寂寞章臺左注見瑞龍吟黃昏風弄雪門深鎖式粹詩洞門深鎖碧窻寒蘭房密愛萬種思量過

卷八　七上　無注　盡冬上八紙　再校

飲流霞抱朴子曰項曼都入山李仙十年歸家曰仙人但以流霞一升与我飲之輒不飢渴後人以爲酒名也醉偎瓊樹崔豹古今注魏宮人帝所愛者瓊柱薛夜來皆日夜在側薛昭遇美婦詩曰自髮飛到蓬山頂瓊柱三株半夜春

蒲路花 仙呂 思情

簾烘淚雨乾毛詩云泣涕如雨酒壓愁城破庾信愁賦攻許愁城終不破蕩許愁門終不開氷壺防飲渴培殘火杜詩云罄動玉壺氷朱消粉退絕勝新梳裹不是寒宵短日上三竿注見前殢人猶要同卧如今多病寂寞章臺左注見瑞龍吟黃昏風弄雪門深鎖秋辨詩洞門深鎖碧窗寒蘭房密愛萬種思量過

也須知有我着甚情悰你但忘了人呵

詳註周美成詞片玉集卷之八

詳註周美成詞片玉集卷之九

雜賦

綺寮怨（中呂）

文選魏都賦云皦日籠光於綺寮說文曰綺文繒也寮小窗也言綺窗之人有所思而然感耳

上馬人扶殘醉曉風吹未醒李白詩阿誰扶上馬古詞云曉風吹人酒醒時候映水曲翠瓦朱簷垂楊裏乍見津亭杜詩云野寺垂楊裏當時曾題敗壁韓愈詩敗壁剥寒月蛛絲罩淡墨苔暈青念去來歲月如流謝靈運序歲月如流徘徊久嘆息愁思盈

去去倦尋路程古詩云復去去荀子曰程者物之準也程以立數江

陵舊事何曾再問揚瓊江陵府古荊州也楊瓊事未詳舊曲

淒清斂愁黛與誰聽尊前故人如在想念我

最關情何須渭城歌聲未盡處先淚零渭城注見

前卷杜詩一云吞声躑躅涕淚零

拜星月 高平

秋思

夜色催更清塵收露元微夫人詩朱履從清塵小曲幽坊

月暗竹檻燈窗識秋娘庭院秋娘注見瑞龍吟笑相

遇似覺瓊枝玉樹暖日明霞光爛古離別顯一見顏色

不異瓊樹枝晉謝玄一云芝蘭玉樹生於庭階杜詩云明霞爛複閣水盼蘭情

惣平生稀見韓琮集吳魚嶺鴈無消息水誓蘭情別來久畫圖中舊識春風面杜詩云畫圖省識春風面誰知道自到瑤臺畔拾遺記云崑崙山有瑤臺十二各廣千步乃仙人所居眷戀雨潤雲溫苦驚風吹散念荒寒寄宿無人館重門閉敗壁秋蟲歎怎奈向一縷相思隔溪山不斷杜詩云秋虫声不去又虫声咽一一如歐公秋声賦但聞四壁助予之嘆息

尉遲盃 大石

隋堤路漸日晚密靄生深樹陰陰淡月籠沙杜牧詩煙籠寒水月籠沙夜泊秦淮近酒家還宿河橋深處無情畫舸都不管煙波隔南浦等行人醉擁重衾

載將離恨歸去 唐鄭仲賢詩亭亭畫舸繫春潭直到行人酒半酣不管煙波與風雨載將離恨過江南

因念舊客京華長偎傍疎林小檻歡聚冶葉倡條俱相識 李義山詩冶葉倡條徧相識 仍慣見珠歌翠舞 楊妃外傳明皇令宮妓佩七寶瓔珞舞霓裳羽衣曲曲終珠翠可掃樂天寄賈常州崔湖州珠翠歌鍾俱遶身青娥遞舞俱爭妙 如今向漁村水驛夜如歲焚香獨自語有何人念我無憀 戰國策上下相愁民无聊賴 夢魂疑想鴛侶 司馬長卿賦忽寢寐而夢想兮君之在傍

遶佛閣 大石 旅情

暗塵四斂 注見前篇 樓觀迥出高映孤館清漏將

短歌聞夜久簸聲動書幔桂華又蒲韓愈賦桂華吐耀閑步露草偏愛幽遠毛詩云湛湛露斯在彼豐草花氣清婉杜詩云花氣渾如百和香望中迤邐城陰度河岸何遜詩城陰度塹墨倦客最蕭索醉倚斜橋穿柳線還似沐堤虹梁橫水面李白詩双橋落彩虹蘇子美詩水面沆沆卧綵虹看浪颭春燈杜詩云風起春燈乱舟下如箭慎子云河水初下龍門其流如竹箭此行重見歎故友難逢羈思空亂兩眉愁向誰舒展古詩一云兩條眉鎖萬年愁

一寸金　小石

州夾蒼崖下枕江山是城郭望海霞接日紅灩水面晴風吹草青搖山脚波暖鳧鷖作沙痕退夜湖正落踈林外一點炊煙山谷詩岩今寂無炊煙渡口參差正寥廓吳融詠曉賦參差而物象將開又云動乾坤之寥廓參差不齊貌寥廓幽遠也自歎勞生經年何事京華信漂泊念渚蒲汀柳空歸閑夢崔豹古今注曰蒲蒻生水邊杜詩云渚蒲芽白水荇青風輪雨檝終辜前約情景牽心眼流連處利名易薄回頭謝冶葉倡條便入漁釣樂張銑注歸田賦曰且与漁釣之父同樂

蝶戀花 商調 秋思

梁簡文帝紹古歌云翻階蛺蝶戀花情

月皎驚烏棲不定（畢公淑早行詩水遠天低白煙深月欲黃驚烏棲不定拂下一林霏）更漏將殘轆轤牽金井（杜詩云硯寒金井水又六一公詞金井轆轤聞汲水以）喚起兩眸清炯炯（潘安仁寡婦賦曰目炯炯而不寢）淚花落枕紅綿冷（李賀詩九山靜綠淚花紅）執手霜風吹鬢影（李賀詩春風吹鬢影）去意徊徨別語愁難聽樓上闌干橫斗柄（刘賓客詩曾曈晨雞鳴闌干橫斗垂）露寒人遠雞相應（金樓子云桃都山大樹有天雞日出即鳴則天下雞皆鳴故此云相應）

如夢令 中呂 思情

唐莊宗詞一云宗夢作
夢和淚出門相送

塵滿一絣文繡淚濕領巾紅皺楊妃外傳風吹貴妃領巾覆於賀懷智巾上又唐逸史崔生仙女以領巾成五色虹橋韓愈聯句一云紅皺曬簪屯 初暖綺羅輕腰勝武昌官柳劉賓客詩庾亮樓中初見時武昌春柳似腰肢 長晝長晝困卧午窗中酒晉徐邈中聖人蓋清酒為聖人酒

第二 閨情

門外迢迢行路誰送郎邊尺素見一落索巷陌雨餘風當面濕花飛去注見第三卷 無緒無緒閑處偷

卷九

四上の丁　轆轤不攎摝是

四下九丁　只素一本脱

如夢令　中呂　（思情）

唐莊宗詞云如夢如夢和淚出門相送

塵滿一絣文繡淚濕領巾紅皺楊妃外傳云風吹貴妃領巾覆於賀懷智巾上又唐逸史崔生仙女綃巾成五色虹橋韓愈聯句云紅皺曬簷瓦初暖綺羅輕腰勝武昌官柳劉賓客詩庾亮樓中初見時武昌春柳似腰肢長晝長晝困臥午窗中酒晉徐邈中聖人蓋清酒為聖人酒

第二　（閨情）

門外迢迢行路誰送郎邊尺素見一落索巷陌雨餘風當面濕花飛去注見第三卷無緒無緒閑處偷

垂玉筯 胡曾詠王昭君詩明妃遠嫁泣西風玉筯双垂出漢宮

月中行 怨恨

青瑣昇行詩云上人燈下別龐馬 月中行文刻黄昏晚泊詩无人能詠史獨向月中行

蜀絲趁日染乾紅微暖面脂融博山細篆靄旁櫳 晉東宮舊事有銅博山香爐旁櫳見早梅芳注 靜看打窻蟲 李商隱詩門户掩蟲尤打窻

愁多膽怯疑虛幕 麗情集愛愛歌一云帳虛膽怯夢易破 聲不斷暮景疎鍾團團四壁小屏風啼盡夢魂中 吳孫亮作綠琉璃屏風薄如瑩徹月下清夜舒之常寵四姬皆振世絕色使入四坐屏風內望

之若無簾櫳香氣不通透於外一本又作淺盡夢魂中

浣沙溪 黄鍾

日薄塵飛官路平眼前喜見汴河傾宋武帝晉義熙十三年十二月自洛入河開汴河地遥人倦莫兼程下馬先尋題壁字出門閑記牓村名孟東野詩官家牓村路早收燈火夢傾城注見六醜下

第二

貪向津亭擁去車不辭泥雨濺羅襦裴餘慶一云從教水濺羅襦濕知道巫山行雨歸淚多脂粉了無餘酒釅未須令客醉路長終是少人扶早教幽

夢到華胥注見華胥引

第三

不爲蕭娘舊約寒何因容易別長安蕭娘見四園竹注文選西都賦漢之西都在於雍州是曰長安顰愁衣上粉痕乾幽閣深沉燈焰喜元稹白苧云籠幂四垂燈焰暖杜詩云燈花何太喜小壚鄰近酒盃寬杜詩云誰家數去酒盃寬爲君門外脫歸鞍

點絳唇 仙呂 傷感

遼鶴歸來故鄉多少傷心地神仙傳遼東城門華表柱有鶴集其上人歌曰有鳥有鳥丁令威去家千年今始歸城郭如故人民非何不學仙冢累累

杜詩一云愁趁故是傷心也寸書不寄魚浪空千里劉向列仙傳一云陵陽子明釣得白魚腹中有書憑仗桃根說與淒涼意桃根注見三部樂下愁無際舊時衣袂猶有東門淚東門注見浪淘沙下

少年遊 黃鍾

樓月

簪牙縹緲小倡樓簪牙注見前杜詩一云独立縹緲之飛樓李賀詩倡樓嵯峨明月孤涼月掛銀鉤杜詩一云涼月白紛紛鮑照詩纖纖如玉鉤聒席笙歌透簾燈火樂天詩笙歌歸院落燈火下樓臺風景似楊州杜牧詩春風十里楊州路捲上珠簾盡不如當時面色欺春雪南史云北齊盧士深妻崔女有才學春日以桃花和

夢到華胥 注見華胥引

第三

不爲蕭娘舊約寒何因容易別長安 蕭娘見四園竹 注文選西都賦漢之西都在於雍州寔曰長安 預愁衣上粉痕乾

幽閣深沉燈焰喜 元稹白亭云華幕四垂燈焰暖杜詩云燈花何太喜 小爐鄰近酒盃寬 杜詩云誰家數去酒盃寬 爲君門外脫歸鞍

點絳脣 仙呂 傷感

遼鶴歸來故鄉多少傷心地 神仙傳遼東城門華表柱有鶴集其上人歌曰有鳥有鳥丁令威去家千年今始歸城郭如故人民非何不學仙冢纍纍

卷九　今下一行注

所杜詩云將我驚起傷心地處

雪与兒靧面云取桃紅取白雪与兒洗面作光悅取雪白取紅花与兒洗面作姸華曾伴美人遊今日重來更無人問獨自倚闌愁

望江南 大石

歌席上無賴是橫波文選舞賦云目流睇而橫波隋煬帝詩個人无賴是橫波黛染隆顱纔是小娥正好留儂伴儂睡不留儂儂睡意如何寶髻玲瓏敧玉燕韓偓詩欹余玉燕歌郭子橫洞冥記云漢元鼎元年起昭陵間有一神女留一玉釵以与帝帝以賜趙婕好至昭帝元鳳中宮人猶見此釵共謀欲碎之明旦視釵匣惟有白燕直昇天後宮人常作玉釵因名玉燕云繡巾柔膩掩香羅人好自宜多

無箇事因甚斂雙蛾劉長卿昭君怨一云双蛾長向胡天愁淺淡

梳裝疑見畫惺鬆言語勝聞歌惺鬆猶清醒也何況

會婆娑婆娑舞也詩東門之枌序曰歌舞於市井爾首章婆娑其下

詳註周美成詞片玉集卷之九

詳註周美成詞片玉集卷之十

雜賦

意難忘 中呂 美詠

衣染鶯黃温庭筠舞衣詩云偷得鶯黃鏁金縷愛停歌駐拍勸酒持觴低鬟蟬影動杜牧續張會真詩低鬟蟬影動回步玉塵蒙私語口脂香方千美人詩些些私語恐人知杜詩云口脂面藥隨恩澤簷露滴竹風涼拚劇飲淋浪琵琶情集漁家女吟詩曰珠簾半床月青竹滿林風謝生苔何事今宵景無人解與同王令詩好使娟來能劇飲舒宣詩空得淋浪酒滿衣夜漸深籠燈就月子細端相端相猶正視也知音見說無雙樂府古詞焦仲卿妻精妙世無雙解移宮換

羽未怕周郎吳志周瑜少精意於音樂雖三爵之後其有闕誤瑜必知之必顧故時人語曰曲有誤周郎顧長顰知有恨貪耍不成粧些箇事惱人腸試說與何妨又恐伊尋消悶息瘦減容光崔氏詩自從消瘦減容光

迎春樂 雙調 攜妓

人人花艷明春柳憶筵上偷攜手趂歌停舞罷來相就醒醒箇無些酒灼灼歌舞停歌罷來中坐比目香囊新刺繡南越記云有比目魚傳燈錄錦繡紅香裹囊風吹蒲院連隅座一時薰透爲甚月中歸長是他隨車後李白詩取醉月中歸韓退之詩只知閑信馬不覺誤隨車

詳註周美成詞片玉集卷之十

雜賦

意難忘 中呂 美詠

衣染鶯黃溫庭筠蜨衣詩云偷得鶯黃鏁金縷愛停歌駐拍勸酒持觴低鬟蟬影動杜牧續張會真詩低鬟蟬影動回步玉塵蒙私語口脂香方千美人詩些些私語恐人知杜詩云口脂面藥隨恩澤簷露滴竹風涼拚劇飲淋浪琵琶情集漁家女吟詩曰珠簾半床月青竹滿林風謝生吞何事今宵景無人解與同王令詩好使娼來能劇飲舒亶詩空得淋浪酒滿衣夜漸深籠燈就月子細端相端相猶正視也知音見說無雙樂府古詞焦仲卿妻精妙世無雙解移宮換

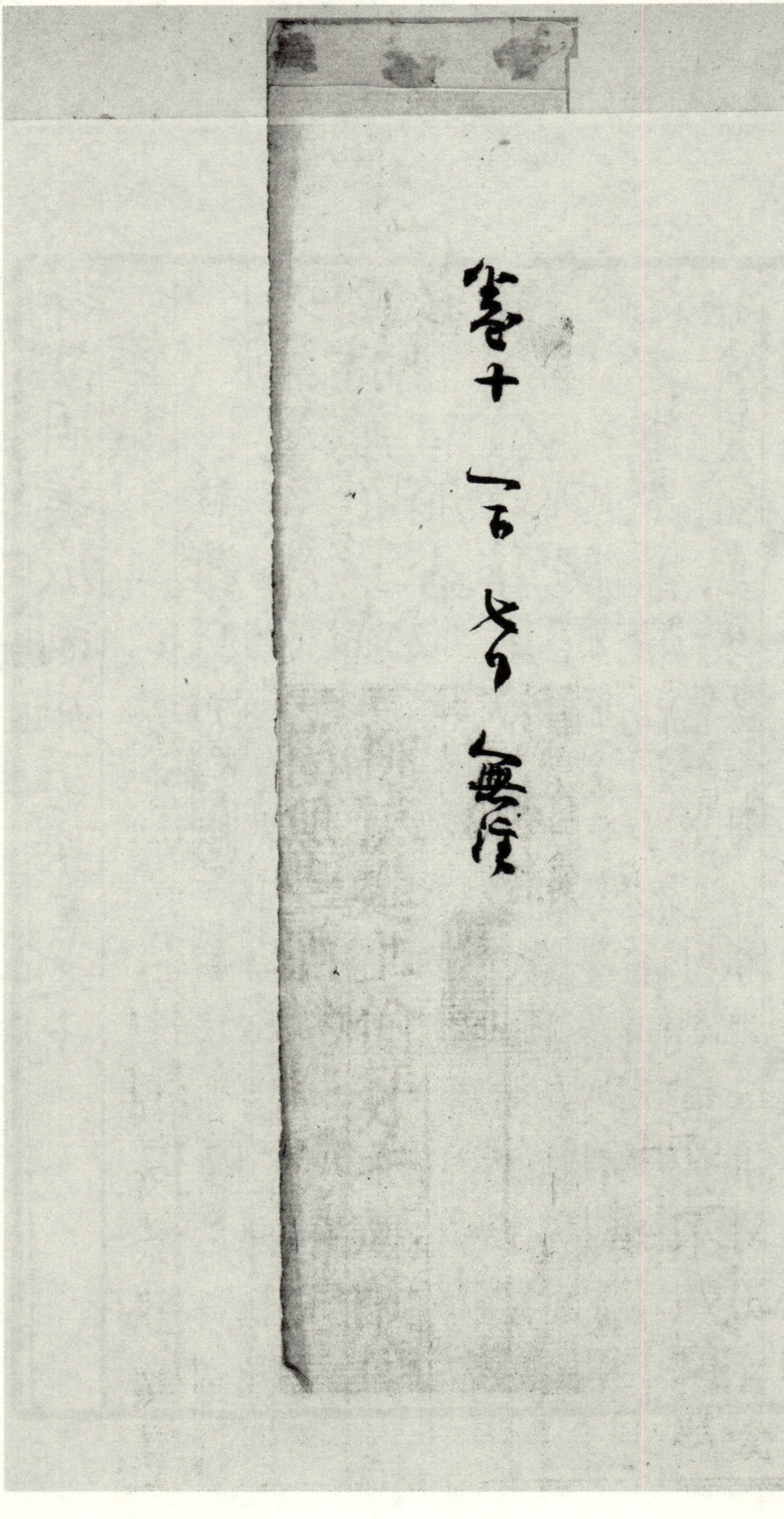

定風波 商調 〔美情〕

〔周武王渡孟津波逆流而上瞋目而麾曰余任天下誰敢害吾意者於是風霽波罷義當出此〕

莫倚能歌斂黛眉〔嚴武詩莫倚善題鸚鵡賦〕此歌能有幾人知〔杜詩云此曲只應天上有人間能得幾回聞用此意〕他日相逢花月底重理好聲須記得來時〔劉賓客詩天下能歌御史娘花前月底牽君王九重深處無人見獨把新聲傳順郎〕

苦恨城頭更漏永無情豈解惜分飛休訴金尊推玉臂〔杜詩云清輝玉臂寒〕從醉明朝有酒遣誰持〔沈休文詩勿言一尊酒明日難重持〕

紅羅襖　大石

畫燭尋歡去，羸馬載愁歸。（胡曾詠史詩：比乘羸馬到燕然）念取酒東壚，樽罍雖近；採花南浦，蜂蝶須知。（冉宗敏未開牡丹詩：密藏嬾蕊蜂難見，纖斂香濃蝶已知）自分袂，天闊鴻稀。（謝惠連詩：飲餞野亭館，分袂澄湖陰）空懷夢約心期。楚客憶江蘺。（楚客經云：扈江蘺與辟芷兮，紉秋蘭以爲佩）算宋玉、未必爲秋悲。（宋玉九辯云：悲哉秋之爲氣也）

玉樓春　四首　大石

當時攜手城東道，月墮簷牙人睡了。酒邊難（一作誰）使客愁驚，（驚一作軓。杜詩一云：客愁連蟋蟀）帳底不教春

夢到

別來人事如秋草波詩云古今換易如秋草應有吳霜侵翠葆吳霜翠葆事註見前夕陽深鎖綠苔門一任盧郎愁裏老南部新書曰盧家有子弟年暮而爲校書郎晚娶崔氏女崔有詞翰結縭之後微有嫌色盧因請詩以述爲戲崔立成詩曰不怨檀郎年幾大不怨檀郎官職卑自恨妾身生較晚不見盧郎年少時又杜荀鶴詩牽曲及從愁裏老

第二

大堤花艷驚郎目註見前式公令下秀色穠華看不足休將寶瑟寫幽懷西漢金日磾傳莽何羅觸寶瑟僵座上有人能顧曲顧曲乃周瑜事註見意難忘下

平波落照涵頳玉宋迪八景有漁村落照詩水中落日如赤玉李賀詩誰揭頳玉盤東方發紅照畫舸亭二浮瀲淥郭賓詩亭二畫舸繫寒潭東京賦曰淥水瀲二臨分何以祝深情只有別離三萬斛韓愈詩惜分不忍去古詩云但將寸心能容万斛愁

第三

玉奩收起新裝了鬢畔斜枝紅裊裊魏收詩裊二春枝弱淺顰輕笑百般宜試着春衫猶更好李義山代離筵戲作新人橋上着春衫裁金縷翠天機巧子建洛神賦戴金翠之首飾不稱野人簪破帽晉王濛美姿容帽破入市買之鄙嫗閱之遺以帽也蕭頭聊插

片時狂頓減十年塵土貌言而色塵埃坡詩白山清空我塵土

第四

桃溪不作從容住秋藕絕來無續處謝玄暉詩秋藕折輕絲

當時相候赤闌橋北夢瑣言曰唐李匡威少年好勇曾一日与諸游俠輩釣於桑乾赤闌橋之側自以酒祝之曰吾君有幽州節制分則獲大魚果釣得魚長三尺人甚異之焉

今日獨尋黃葉路談苑云僧惟鳳秋日送人詩大路正黃葉別君堪白頭

煙中列岫青無數文選云窗中列遠岫

鴈背夕陽紅欲暮溫庭筠詩蝶翎朝粉重鴉背夕陽多

人如風後入江雲杜詩云江入度山雲

情似雨餘粘地絮參寥詩禪心已作粘泥絮

夜飛鵲 道宮

梁王筠七夕詩秋近鷰行稀天高鵲夜飛

河橋送人處涼夜何其斜月遠墮餘輝銅盤
燭淚已流盡李賀詩銅盤賦燭黃霏霏涼露霑衣西崑淮南
王傳宮中生荊棘涼露沾衣相將散離會探風前津鼓王介
甫詩月落聞津鼓樹杪參旗華騘會意杜詩一云初得華騘大宛種
又丹青引先帝天馬玉花騘縱揚鞭亦自行遲李賀詩何忍重揚鞭
迢遞路回清野人語漸無聞空帶愁歸何意
重紅滿地遺鈿不見遺鈿事注見六醜下斜徑都迷兔
葵燕麥向殘陽欲與人齊兔葵燕麥事注見瑞龍吟但徘

片時狂頓減十年塵土貌言面色塵埃坡詩江山清空我塵土

第四

桃溪不作從容住秋藕絕來無續處謝玄暉詩秋藕折輕絲

當時相候赤闌橋北夢瑣言曰唐李匡威少年好勇嘗一日與諸遊俠輩釣於桑乾赤闌橋之側自以酒祝之曰吾若有幽州節制分則獲大魚果釣得魚長三尺人甚異之焉

今日獨尋黃葉路談苑云僧惟鳳秋日送人詩去路正黃葉別君堪白頭

煙中列岫青無數文選云窻中列遠岫

鴈背夕陽紅欲暮溫庭筠詩蝶翎胡粉重鴈背夕陽多

人如風後入江雲杜詩一云江入度山雲

情似雨餘粘地絮參寥詩禪心已作粘泥絮

卷十 四下 五行 注 無涼

又 會下衍處字

五上 八行 注下 繩妻作緯繩

徊班草王介甫次韻留別詩班草數行衣上淚又待追西路聊班草想附如班荆之義也唏嘘醉酒極望天西揚雄方言云哀而不泣曰唏嘘以酒澆地曰酹也

早梅芳 二首 別恨

花竹深房櫳好常建詩竹逕通幽處禪房花木深西漢班婕妤傳房櫳虛兮風泠泠師古曰櫳疏檻也夜闌無人到隔窻寒雨向壁孤燈弄餘照周易云闚其户闃其无人注闃寂也李賀詩向壁灯垂花杜詩云水宿仍餘照淚多羅袖重丁僊妻詩淚溼香羅袖意密鶯聲小正魂驚夢怯門外已知曉晏小山詞意密絃声碎去難留話未了早促登長道風披宿霧謝靈詩[illegible]

霞開宿霧露洗初陽射林表初陽□見蘇幕遮亂愁迷遠

覽張鏡賦綴目遠覽苦語縈懷抱謾回頭更堪歸路

杳

第二 牽情

繚牆深叢竹繞西都賦繚以周牆杜詩何時占叢竹宴席臨清

沼微呈纖履故隱烘簾自嬉笑粉香粧暈薄

帶緊腰圍小看鴻驚鳳翥滿座嘆輕妙陸士衡賦

鸞翔鳳翥鴻驚鵠舊

酒醒時會散了回首城南道吳兢擬採桑曲羅敷十五六採

桑城南道河陰高轉露脚斜飛夜將曉李賀詩露脚斜飛濕

客兎丿凸詩云深夜天將曉異鄉淹歲月醉眼迷登眺蔡琰詩登高眺遠

眺望路迢迢恨滿千里草江淹賦路貫千里兮綠草深

鳳來朝 越調

佳人

逗曉看嬌面小窻深弄明未遍梁武帝詩浥露曉逗光愛殘朱宿粉雲鬟乱最好是帳中見刘緩照鏡賦詠宿粉猶調笑殘黃之不正心說夢雙蛾微斂錦衾温酒香未斷待起難捨拚任日炙畫欄暖脞說拭翠斂双蛾李賀詩日炙錦嫣王未醒

芳草渡 別恨

昨夜裏又再宿桃源醉邀仙侶陶潛桃花源記晋太康中武陵人捕魚忽逢桃花夾岸從山口入豁然明朗其中有人問訊曰不先世避秦時乱不復出問今是何世聽碧窻風快珠簾

半捲踈雨多少離恨苦方留連啼訴鳳帳曉又是匆匆獨自歸去。愁覩滿懷淚粉瘦馬衝泥尋去路謾回首煙迷望眼依稀見朱户似癡似醉暗惱損凭闌情緒澹暮色看又棲鴉亂舞（杜詩回塘澹暮色又啼殺後棲鴉）

感皇恩　大石　〔標題〕

露柳好風標嬌鶯能語獨占春光最多處（長春花詩獨占春光向此中）淺顰輕笑未肯等閑分付爲誰心子裏長長長苦

洞房見說雲深無路憑仗青鸞道情素（羣集請青鸞既許傳消息）酒空歌斷（杜詩云寧辭酒盞空又恐畏歌声斷）又被

卷十

六上七行注　脫說文字一本無

又九行　仙侶下注一本無

又

六下六行　最多氣下注一本無

半捲疎雨多少離恨苦方留連啼訴鳳帳曉又是匆匆獨自歸去。愁觀滿懷淚粉瘦馬衝泥尋去路謾回首煙迷望眼依稀見朱户似癡似醉暗惱損凭欄情緒澹暮色看盡棲鴉亂舞杜詩回塘澹暮色又啼殺後棲鴉

感皇恩 大石 標題

露柳好風標嬌鶯能語獨占春光最多處長春花詩獨占春光向此中淺嚬輕笑未肯等閒分付爲誰心子裏長長苦

洞房見說雲深無路憑仗青鸞道情素翠集[illegible]消青鸞既許傳消息酒空歌斷杜詩云寧辭酒盞空又老畏歌声断又被

濤江催去（韓愈有贈濤江詩）怎奈向言不盡愁無數（周易書不盡言言不盡意）

虞美人　正宮　三首

燈前欲去仍留戀腸斷朱扉遠未須紅雨洗香腮待得薔薇花謝便歸來（貫休詩薔薇花謝杉風起）舞腰歌版閑時按（李賀詩試問酒旗歌版地又細腰舞）一任傍人看金爐應見舊殘煤（古春詞云金炉煙裊裊麝煤殘）莫使恩情容易似寒灰（郭象注曰死灰取其寂寞無情寒灰亦然）

第二

踈籬曲徑田家小雲樹開清曉（杜詩云田家樹木低又清

曉[illegible]言南天寒山色有無中歐陽公詞平山欄檻倚晴空山色有亡中

野外一聲鐘起送孤蓬李白送友人詩此地一爲別孤蓬万里征

添衣策馬尋亭堠愁抱惟宜酒杜詩云解愁惟是酒菰

蒲睡鴨占陂塘蘇養直詩菰蒲深処浴鴛鴦山谷有睡鴨詩兩鳧相倚睡秋

江縱被行人驚散又成雙杜牧驚起鴛鴦豈無恨一双飛去却回頭

第三

玉觴繞掩朱絃悄彈指壺天曉礼記朱絃疏越費長房隨

壺公入謫天中李白詩曰壺中別有日月天回頭猶認倚牆花只

向小橋南畔便生涯

銀蟾依舊當窗滿徐陵雜曲云歌舞當窗似秋月顧影魂先

濤江催去（韓愈有贈濤江詩）怎奈向言不盡愁無數（周易書不盡言言不盡意）

虞美人　正宮　三首

燈前欲去仍留戀腸斷朱扉遠未須紅雨洗香腮待得薔薇花謝便歸來（賈島詩薔薇花謝秋風起）舞腰歌版閑時按（李賀詩試問酒旗歌版地又細腰舞）一任傍人看金爐應見舊殘煤（古春詞云金炉煙裊爵煤殘）莫使恩情容易似寒灰（郭象注曰死灰取其寂寞無情寒灰亦然）

第二

疎籬曲徑田家小雲樹開清曉（杜詩云田家樹木低又清

卷十七下　五等　一本無注

斷（汉上青玉昭君簾影徘徊）淒風猶颭半殘燈（纂要曰秋風曰凄風）

擬（去）倩今宵歸夢到雲屏（文選七命云雲屏爛汗李善曰屏屏謂之樹刻之為雲氣李周翰曰屏牆壁畫之青雲）

詳註周美成詞片玉集卷之十

陳元龍註片玉集十卷阮元曾以進呈傳於世間宋
刻惟藝芸汪氏有之散後渺不可知此碻為南宋坊
刻雖無（少缺）諱而字體之規度存焉當不可因之而目為
元本也汲古閣秘本書目有元板片玉詞故王半塘據以
指此為元刻則謬甚矣乙卯九月　寒雲得於敝市

汲古秘目所載元板片玉詞二卷亦云注曾歸
結一廬今已散出不知何屬矣丁巳春寒雲

病中強起取影元本清真詞
校慎缺字俾無不能卒讀之
憾惟註無他本可校姑仍其
缺爾十月十二日燈下　寒雲記

卷九繞佛閣首下如前注慎諱作慎
卷十、四上四、匡諱作匡

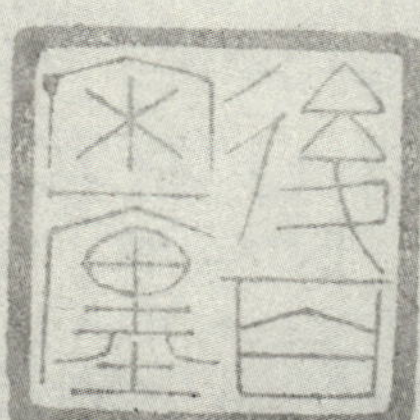

予見此書時曾作跋深以蕘圃所藏一本渺不可知爲憾比獲黄氏藏本每冊前除士禮居丕烈蕘夫三印外尚有汪士鐘印閬源真賞四印當即藝芸一本蓋蕘翁藏弆多鬻諸汪氏也前之興歎今則驚且喜矣此本原藏孫駕航家展轉流入廠市爭購者頗夥予卒以重金見予之過於見黄本之值可謂狂且癡者此較黄本以本序尾集云下缺少章名元龍時嘉定辛未抄臘十二字以此定之則黄本似是原刻也

乙卯冬月十八日寒雲

寒雲初得此本屬為審定余歎為得未曾有且決定是宋刊今又得一精印本此本似退而居乙然黃本序尾有嘉定紀年紙是寬簾固是宋刊宋印而此本第十卷之末葉卻可補黃本之缺合之則為兩美也

乙卯長至後五日重觀因記 盛鐸

美成詞刻於宋世者一爲清真詩餘見景定嚴州續志一爲清真詞見詞源一爲清真詞見直齋書録解題又有溧水三英諸本皆無注其曹杓注清真詞見書録解題書亦久佚若集劉必欽序稱病舊注之簡略遂詳爲疏之疑即據曹注本故編次與清真詞悉合黃蕘圃藏本與是略同而劉序稱嘉定辛未其爲宋刻無疑此雖删去嘉定辛未十許字然覈其注語較舊本爲詳明卷五注中尤相徑庭其爲少章手自斟

改處刻亦無妨且當時印本較原本
視黄本之初印為精漫漶半壞老人謂
為元刻者蓋未視黄本固標明嘉定且
有異同也己未春莫明訓兄得之出以見
示漫識數語且述是帖之遠勝黄本固
不必以印工而軒輊之也上彊邨氏孝臧記